Au pays des joies

et

des drames

Notre vie au Burundi

Ivar Serejski

Innovations & Information, Inc
http://www.iandi.cc

Éditions Innovations and Information, Inc.
Frederick, MD 21702
http://www.iandi.cc

Publié aux États Unis d'Amérique
13 12 11 10 09 08 5 4 3 2 1

Édité et publié par Eric Serejski

ISBN 978-0-9797824-8-0

Note de l'auteur

J'ai modifié la plupart des noms des personnes citées afin de préserver leur anonymat.

Remerciements

Avec tout mon cœur je remercie Eric Serejski, mon éditeur, pour son avis professionnel et Françoise Brodsky pour ses conseils. Je remercie aussi Mme Michèle De Coninck pour m'avoir autorisé à utiliser les photos de son site web. À Nadine, mon épouse, Eric et Karin mes enfants, et à tous ceux qui ont entretenu ma soif de raconter.

AVANT-PROPOS

Septembre 1960. La rentrée académique est toute proche à la Faculté universitaire des sciences agronomiques de Gembloux, en Belgique, où je viens de terminer mes deux premières candidatures. L'heure est au choix entre différentes disciplines n'offrant que peu de possibilités d'expatriation. Seule celle d'ingénieur agronome des régions tropicales demande que l'on s'expatrie pour exercer son futur métier. À cette époque, l'expatriation allait généralement de pair avec un emploi soit au Congo[1] soit dans les deux pays encore sous tutelle belge, à savoir le Burundi actuel ou le Rwanda. Pour beaucoup d'entre nous, l'expatriation était un choix fort attirant lorsque nous avions débuté nos études en 1958, Cette option a été cependant quasi abandonnée en 1960, vu le climat d'insécurité qui a débuté avant la proclamation d'indépendance du Congo belge, le 30 juin 1960 avec notamment les émeutes de Léopoldville[2] en 1959, attisées par les discours incendiaires de Patrice Lumumba. La mutinerie de la force publique le jour de l'indépendance et la sécession du Katanga le 11 juillet 1960 n'ont fait qu'accentuer la précarité de la situation politique. Pillages, émeutes, viols, massacres sont devenus le quotidien d'un Congo qui, ayant acquis son indépendance, glissait inéluctablement vers un climat de chaos, de sauvagerie et de meurtre. La scission entre la Belgique et le Congo était totale. Dans ce contexte défavorable, le débouché professionnel le plus important pour les futurs ingénieurs agronomes souhaitant faire une carrière outre-mer devenait fort aléatoire et risqué. Pourtant, à l'image de six des mes camarades d'étude, je ne voulais pas d'une carrière aseptisée et sans surprises en Belgique. Je restais attiré par l'inconnu, par les défis et par le besoin de porter assistance aux pays en voie de développement. Pour atteindre cet objectif, nous avions tous pris la décision d'embrasser ces études d'ingénieur agronome spécialisé en régions tropicales. Jamais je ne l'ai regretté.

---

[1] J'utilise le terme Congo pour parler de l'actuelle République démocratique du Congo (RDC), nom en vigueur depuis mai 1997 ; j'utilise le terme Zaïre pour désigner le même pays sous le régime de Joseph Désiré Mobutu (1965-1997).

[2] Devenue Kinshasa en 1966.

I – LES PREPARATIFS

Du temps où j'étais citadin

Septembre 1963. J'avais 23 ans et terminais mes études d'ingénieur agronome, régions tropicales, à la Faculté des sciences agronomiques de Gembloux, en Belgique. Mon rêve allait, je l'espérais, pouvoir se concrétiser. J'avais toujours voulu m'expatrier, voyager, découvrir cette Afrique que je ne connaissais qu'au travers des livres, et y pratiquer l'agronomie dans le but de participer à son développement. Paradoxalement, j'étais le plus pur des citadins et n'avais aucune expérience pratique en agronomie. Mais qu'importe, à l'époque, il n'y avait pas de soucis à se faire du point de vue embauche. L'agronomie tropicale n'était plus prisée depuis les évènements tragiques qui avaient endeuillé le Congo après son Indépendance en 1960. Massacres, viols, et pillages n'incitaient guère les étudiants à poursuivre des études dans ce domaine. Nous n'étions que sept dans notre promotion et l'emploi, pour ceux qui voulaient s'expatrier, ne devait théoriquement pas poser de problème.

À l'issue de la proclamation des résultats en septembre 1963, j'arpentais les couloirs de la faculté pour m'arrêter devant le panneau des offres d'emploi. À mes côtés, l'un de mes meilleurs copains d'étude. Beaucoup d'offres, dont deux pour le Burundi, ce qui nous semblait plus rassurant et moins dangereux que le Congo. L'Institut des Sciences agronomiques du Burundi (ISABU) recrutait en effet deux ingénieurs, l'un dans le domaine de la phytopathologie et l'autre comme chef de projet d'une future plantation de thé. Mon ami et moi en avons débattu et nous sommes rapidement tombés d'accord. Lui a opté pour la phytopathologie et moi pour le thé. Le théier m'était cependant totalement inconnu et mes connaissances livresques étaient des plus rudimentaires. Mais qu'importe, j'ai décidé de me jeter à l'eau.

Nous avons donc contacté le siège belge de l'ISABU, avenue Louise, à Bruxelles, afin de prendre rendez-vous. Nous voilà convoqués début octobre 1963 pour y rencontrer le directeur général de l'ISABU, un Belge que j'appellerai Alfred et qui avait fait toute sa carrière en Afrique, et plus particulièrement au Congo, au Rwanda et au Burundi. Alfred était un monsieur impressionnant, tant par la voix que par le poids. Il m'a rapidement interrogé sur mes intentions, puis au bout de dix minutes d'entretien, m'a demandé si je pouvais être au Burundi dans les dix jours ! Je n'en croyais pas mes oreilles et avais peine à réaliser que dix jours plus tard, je risquais de me retrouver en Afrique. Mais cela me posait un sérieux dilemme. Je souhaitais me marier avant mon départ et un délai de dix jours me paraissait totalement insuffisant pour accomplir toutes les formalités administratives et sanitaires avant mon expatriation. Pour tâter le terrain, j'ai essayé d'expliquer à monsieur Alfred qu'un délai de dix jours me semblait fort court, sans lui avouer la raison principale, qui était mon mariage. Fronçant les sourcils, il m'a rétorqué que cela ne devrait poser aucun problème, car son service administratif se chargerait de toutes les formalités avec les autorités burundaises et que je devrais simplement m'occuper de mon passeport, de ma visite médicale et de mes vaccins. Il m'a proposé également une avance sur salaire pour m'acheter le nécessaire, car à la sortie de mes études, je n'avais pas un sou vaillant. À bout d'arguments, je lui ai dévoilai mon secret et lui dis que je voulais me marier avant de partir. J'ai cru qu'il allait attraper une attaque. Il est devenu tout rouge, s'est emporté et m'a rétorqué que le poste qu'il comptait me confier ne convenait pas à un homme marié car l'affectation était en brousse où les conditions de vie seraient extrêmement difficiles. J'allais habiter un certain temps dans un gîte de passage sans eau courante ni électricité. Selon lui une femme, citadine de surcroît, ne pourrait jamais s'habituer à un mode de vie aussi pénible. Il a ajouté que le poste devait être pourvu au plus vite et que si je n'étais pas disponible immédiatement, il chercherait quelqu'un d'autre. J'ai cru que le ciel me tombait sur la tête ! J'ai essayé de le rassurer en lui disant que je ferais le maximum pour casser les bans et me marier rapidement, et que Nadine, ma future épouse, s'adapterait sans problèmes à la vie en brousse. En réalité je m'engageais sans connaitre la réaction de Nadine. Que dirait-elle lorsque je lui apprendrais que nous devions nous marier avant la fin octobre, quitter la Belgique et nos parents respectifs et aller vivre en brousse, brousse que nous ne connaissions ni l'un ni l'autre. Mon futur directeur et moi étant tombés d'accord sur la date de mon départ, j'ai signé sans hésitation mon premier contrat et ai reçu ma première avance, quelques milliers de francs belges, ce qui représentait une fortune comparé à ce dont j'avais disposé pendant mes études. J'avais un contrat, j'allais me marier, j'avais de l'argent et tout me semblait idyllique. Bien sûr, j'étais loin de soupçonner les conditions de vie qui nous attendaient, Nadine et moi, ainsi que les étranges aventures et mésaventures auxquelles nous allions être confrontés.

Je suis rentré chez moi et ai annoncé, non sans appréhension, que je venais de signer un contrat d'ingénieur agronome au Burundi, et que je devrais être sur place dans un délai de 20 jours. J'ai expliqué à Nadine que mon affectation serait en brousse, où j'aurais la responsabilité d'établir la première plantation de thé au Burundi. J'ai ajoutai que mon contrat portait sur une durée de deux ans renouvelables, avec un retour en Belgique à la fin de cette période, ce qui voulait dire que nous ne pourrions revoir nos parents et amis avant 24 mois ! Nous allions être confrontés tous les deux à la dure réalité de l'expatriation et de l'inconnu. À ce jour, 49 ans après avoir informé Nadine de notre départ imminent, je ne réalise toujours pas comment elle a pu accepter avec un tel sang froid de tout quitter et de partir à l'aventure en Afrique, dans un pays lointain, que nous ne connaissions point.

La course contre la montre commençait. Il nous fallait avant tout informer mes futurs beaux-parents et mes parents de notre décision, casser les bans afin d'obtenir une dispense pour nous marier dans le laps de temps le plus court possible, remplir toute une série de formalités, subir toute une série de vaccins, faire des achats pour notre séjour africain, organiser notre mariage et notre départ. Le tout fut bouclé en 20 jours, non sans aventures, mais les aventures allaient faire partie de notre vie tout au long des onze années de notre séjour au Burundi ainsi qu'au cours de mes visites ultérieures.

Notre Mariage

30 Octobre 1963. Après avoir cassé les bancs, nous nous sommes mariés civilement à l'Hôtel de ville de la Grand-Place à Bruxelles. Dans ma précipitation, j'ai d'ailleurs failli oublier le bouquet de la mariée ! De retour à la maison, la fête a pu commencer. Ma mère, toujours à la recherche d'idées originales, nous avait offert comme cadeau de mariage un boxer mâle de 3 ans, Johny, sachant que depuis mon enfance j'avais toujours eu la passion des chiens. Johny était un citadin, tout comme nous, puisque son seul univers avait été pendant trois ans, une teinturerie de province. Entre celle-ci, le voyage en avion et la brousse qui l'attendait, la marge était grande. Mais avant de partir, il a fallu qu'il participe à la fête de mariage et qu'il apprenne à connaître les rues de Bruxelles. Le voilà donc mêlé aux invités, posant ses longues babines sur les robes de soirée et les costumes. La joie régnant, son attitude amicale est passée plutôt inaperçue, je pense. Ou était-ce seulement une impression ? La fête battait son plein lorsque soudainement, coup de téléphone. À l'autre bout de la ligne, mon futur directeur, Alfred, me demandait de prendre livraison de douze cochonnets à Zaventem, l'aéroport de Bruxelles, le jour de notre départ. J'ai cru bien sur à une blague, à un canular. Il n'en était rien et mon parcours agronomique commençait avant même d'embarquer. Nous allions monter à bord de l'avion à destination de Bujumbura avec un chien de 40 kg et douze cochonnets. Pour un citadin, on ne pouvait rêver mieux, comme début de carrière !

Les aventures de Johny

La fête terminée, nos amis partis, les aventures de Johny ne faisaient que commencer. Le lendemain, je suis parti le promener chaussée de Charleroi, à Bruxelles où la circulation des voitures et trams était particulièrement dense. L'ayant jugé obéissant, je lui ai ôté sa laisse, comme je l'ai toujours fait avec mes chiens. Le début était parfait et il me suivait comme mon ombre sur le trottoir. Mais soudain, son attention a été attirée par un de ses congénères se baladant sur le trottoir d'en face. N'écoutant que son instinct, notre Johny a traversé la chaussée sans regarder ni à gauche ni à droite. Je l'ai appelé, mais en vain, et ce fut le drame. En pleine course, Johny pesant plus de 40 kilos a heurté le garde-boue arrière d'une voiture. Projeté en l'air, il est retombé malgré tout sur ses pattes et a rejoint l'autre trottoir. Je me suis précipité pour voir s'il n'était pas blessé. À mon grand soulagement, il semblait indemne, ce qu'a confirmé ultérieurement un ami vétérinaire. Le problème n'était plus Johny mais la voiture, dont le conducteur s'était arrêté. Ce dernier m'a demandé comment allait mon chien puis, me montrant son garde-boue fortement endommagé, me dit qu'il faudrait que je prenne en charge la réparation de son véhicule. Je ne sus quoi répondre, car l'avance que j'avais reçue de mon employeur ne me permettrait certainement pas de faire face à cette dépense imprévue. Voyant mon désarroi, il m'a demandé si j'avais une voiture. J'ai répondu par l'affirmative car j'avais effectivement une vieille Morris Minor de 1950 qui m'avait servi pendant toutes mes études et que je m'apprêtais à vendre. Il me dit alors que la réparation ne poserait pas de problèmes pour autant que je déclare que l'accident s'était produit avec ma voiture. Je lui ai signé pour la forme un papier reconnaissant les faits et nous nous sommes séparés, moi soulagé et lui satisfait ! Eh oui, les gens étaient moins compliqués et plus compréhensifs à l'époque.

II – DEPART VERS LE BURUNDI

Aéroport de Bruxelles (Zaventem)

5 novembre 1963. Nous voici à Zaventem, en partance pour le Burundi. Dans la salle d'enregistrement nous avons réceptionnés nos douze cochonnets auxquels s'ajouteront à un grand nombre de valises et bien entendu la cage avec notre fidèle Johny. Ce dernier, sur recommandation de mon ami vétérinaire, avait reçu un tranquillisant pour le voyage. Dans la file d'enregistrement, certaines personnes nous regardaient assez interloquées. En effet, douze cochonnets accompagnant un chien ce n'était pas fréquent ! Les bagages vivants et non vivants furent enregistrés sans problème et nous voilà installés à bord du DC7 de la Sabena[1] dont le trajet saut de puce devait nous amener à Bujumbura via Athènes, le Caire et Entebbe. Quel parcours de combattant ! Dans l'avion, je rêvais à l'Afrique et parcourais les nombreux documents qui m'avaient été confiés dont un très sérieux livre traitant de l'hygiène tropicale[2]. J'y ai retrouvé des mots tels que paludisme, filariose, schistosomiase, qui m'ont rappelé mon cours d'hygiène tropicale auquel je dois l'avouer je n'avais pas prêté trop attention à l'université. Soudain, j'ai commencé à attacher une certaine importance à ces mots sans me douter cependant qu'ils allaient progressivement occuper une place de choix parmi les difficultés auxquelles nous allions être confrontées dans notre vie de brousse.

Athènes

Après quelques heures de vol l'avion s'est posé à Athènes. Tout le monde est descendu pour une première escale d'environ une heure et demie. Ce laps de temps était largement suffisant pour aller prendre calmement une collation dans la cafétéria de l'aéroport. Bien évidemment j'ai pensé à mon chien et, sans trop réfléchir au tranquillisant qu'il avait reçu avant d'embarquer, j'ai demandé au commandant de bord si je pouvais le descendre de la cale afin qu'il puisse se dégourdir et se restaurer comme nous. Il m'a répondu

---

[1] Compagnie nationale belge disparue en 2001.

[2] Duren, A. ; Gillet, H. *Notions élémentaires d'hygiène tropicale à l'usage des habitants du Congo Belge.*

qu'il ne voyait aucun problème à ce que l'on ouvre la cale. Et oui, autre époque, autres règles de sécurité ! Les fouilles n'existaient pas et l'on montait dans un avion comme on monte dans un bus de nos jours. Le personnel de sol a donc ouvert la cale, descendu la cage et voilà notre Johny quelque peu endormi sous l'effet du tranquillisant posant ses pattes sur le tarmac. Mon bon cœur avait pris le dessus sur la logique car il aurait mieux valu le laisser somnoler comme nous le constaterons plus tard. Arrivés dans la cafétéria, je lui ai commandé de l'eau et un sandwich ce qui non seulement l'a rassasié mais l'a sorti aussi de sa somnolence. Nous nous sommes ensuite envolés pour Le Caire où une escale technique était prévue. Tous les passagers sont restés à bord. Puis nous avons pris la direction d'Entebbe où l'Afrique nous attendait.

Entebbe (Ouganda)

L'avion s'est posé sur l'aéroport d'Entebbe, a roulé sur le tarmac pendant quelques minutes puis s'est immobilisé Les passagers étaient supposés descendre mais l'autorisation s'est fait attendre. Cinq minutes se sont écoulées puis le commandant de bord a lancé un appel. J'écoutais d'une oreille distraite puis soudain j'ai entendu que j'étais prié de me présenter à l'avant de l'avion. Je me suis levé pour me diriger vers la cabine de pilotage où le commandant de bord m'attendait. Il m'a dit qu'il y avait un sérieux problème avec notre chien car les employés au sol, après avoir ouvert la soute à bagages, s'étaient enfuis brusquement sans raison apparente en criant « simba, simba » ce qui je l'appris plus tard veut dire lion en kiswahili[3] ! Le commandant me dit aussi que le chien avait cassé la porte de sa cage qui avait été replacée à l'avant de la soute au départ d'Athènes, et qu'il avait réussi à passer sa tête et son cou par le trou de la porte. En ouvrant la soute, les africains se sont donc trouvés face à lui, ont pensé que c'était un lion en ne voyant que la tête du boxer et se sont tous encourus ! Il m'a prié par conséquent de bien vouloir descendre afin de récupérer mon chien et d'aller avec lui dans la salle d'attente en entendant que l'on puisse réparer sa cage. Je m'attendais au pire et ne pouvais m'empêcher de rire en imaginant

---

[3] Le kiswahili est une langue bantoue parlée par différents groupes ethniques habitant principalement le long des côtes depuis le nord du Kenya jusqu'au nord du Mozambique ainsi que dans les iles Comores. Le kiswahili est la langue officielle du Kenya et de la Tanzanie.

la scène vaudevillesque sur le tarmac. Quelle époque ! Nadine et moi sommes descendus de l'avion suivis de tous les autres passagers et nous nous sommes dirigés vers la cafétéria avec Johny. Le pauvre avait cependant sa mâchoire ensanglantée car il avait perdu trois dents dans ses démêlés avec la porte grillagée de sa cage. Il s'est cependant bien vite remis de son aventure, sandwich et eau aidant. L'embarquement se faisait attendre et l'attente était pénible. La chaleur était moite et étouffante et les ventilateurs ne fonctionnaient pas. Nous étions déjà confrontés avec la réalité de la vie africaine. À bout d'une heure la cage de Johny était finalement réparée et nous avons pu décoller vers notre destination finale, Bujumbura. À ce que je sache, aucun des passagers n'a connu la véritable raison de ce retard qui a été imputé à des raisons techniques ! La vérité aurait bien entendu été très drôle à évoquer mais je ne sais si tous les passagers auraient apprécié !

III – Le Burundi

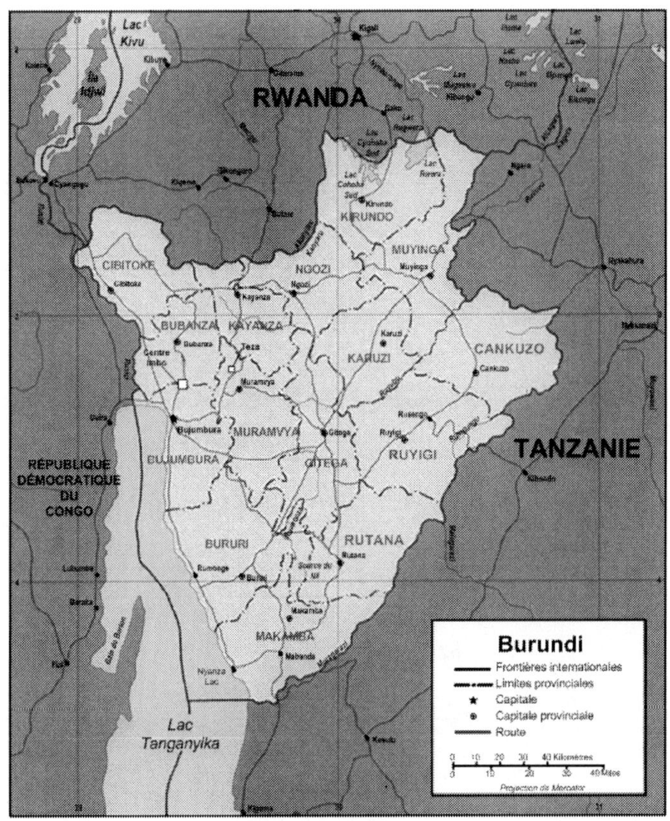

Le pays des tambours sacrés

Depuis la nuit des temps les tambours occupent une place légendaire dans la culture burundaise. Ils symbolisaient pour le Burundi ancien la légitimité royale et la pérennité de la nation. Selon une légende, le premier Roi Ntare Rushatsi, au seizième siècle, fût accueilli par un serpent qui battait la peau d'une vache tendue sur une termitière. Aux temps anciens, les tambours sacrés étaient considérés bien plus qu'un simple instrument de musique. Ils faisaient en effet partie des objets sacrés et étaient battus en des circonstances exceptionnelles. Leur battement proclamait les grands événements du pays comme l'intronisation ou les funérailles des souverains.

Dans le Burundi monarchique, il y avait sept tambours sacrés dont trois revêtaient une importance toute particulière. Le premier portait le nom de *nyabuhoro* et assurait la sécurité dans tout le pays. Le second, *karyenda*, caractérisait le pouvoir royal. Une servante que l'on appelait mukakaryenda, femme de *karyenda*, était responsable de son entretien. Le troisième, *rukinzo*, accompagnait le roi dans ses déplacements et était utilisé comme horloge de la cour sacrée. Jusqu'à la fin 1966, date de la disparition du royaume du Burundi et de son remplacement par une République, le tambour ornait le drapeau burundais. De nos jours le tambour reste au Burundi un instrument vénéré et populaire. Ils sont présents aux fêtes nationales, aux mariages et aux hôtes de marque. Tambour et Royaume portent au Burundi le même nom : *ingoma*. Il existe encore aujourd'hui un sanctuaire aux tambours, l'*Ignore y'ingoma* ou palais des tambours.

Tambours utilisés lors d'un mariage

Historique : 1899-1962

Le Burundi ainsi que le Rwanda devinrent une partie de l'Afrique orientale Allemande en 1899 lorsque l'expansion de la colonisation en Afrique était à son point culminant. En 1916, durant la première guerre mondiale, les forces belges de l'ex Congo Belge ont défait les allemands et ont occupé le Burundi et le Rwanda. En 1923, la Belgique a accepté le mandat de la Ligue des Nations Unies pour administrer le Rwanda et le Burundi. Ces deux pays ont été administrés comme un seul territoire connu sous le nom de Ruanda-Urundi. En 1946 ces territoires ont été confiés au Conseil de tutelle de Nations unies avec administration belge. L'Urundi est devenu indépendant le 1er juillet 1962 sous le nom de Royaume du Burundi et le Roi (Mwami) Mwambutsa IV Bangiricenge a assuré le pouvoir. Le Rwanda est devenu indépendant le même jour.

Géographie

Le Burundi est situé dans le graben de l'Afrique Centrale à 3°30'S et 30°0'E (voir carte ci-dessus). Il dispose d'une superficie de 27 830 kilomètres² dont 2 180 kilomètres² d'eau. 95 % de la superficie d'eau est représentée par la partie nord-est du lac Tanganyika qui borde le pays sur une distance de 150 kilomètres. Les autres 5 % sont constituées par les lacs Cyohoha et Rweru au nord du pays et par les rivières. Le Burundi a en outre la particularité d'être situé sur la ligne de partage des eaux de deux bassins hydrographiques : le bassin du Nil débouchant dans la mer Méditerranée au Nord-est et le bassin du fleuve Congo débouchant dans l'océan atlantique à l'Ouest. Les pays frontaliers sont l'actuelle République Démocratique du Congo, le Rwanda et la Tanzanie. Le Burundi est un pays de hauts plateaux avec d'importantes différences d'altitude qui varie de 772 à 2 670 mètres et jouit d'un climat équatorial tempéré par l'altitude. La température moyenne annuelle est comprise entre 17 à 23 degrés Celsius. Les précipitations annuelles sont de 1,5 m en moyenne et sont principalement réparties au cours de deux saisons des pluies dont la plus importante s'étale de février à mai tandis que la seconde s'étale de septembre à novembre. L'aspect rustique et la beauté physique du pays ont d'ailleurs sensiblement marqué les premiers explorateurs européens qui l'appelaient « Suisse de l'Afrique » et « Montagnes de la Lune ».

Le contexte démographique et politique

Le Burundi est un pays peuplé d'approximativement 8,3 millions d'habitants en 2010 et la densité d'habitants/kilomètres² est une des plus hautes du monde[1]. Il comporte trois ethnies, les Hutus (bantou) représentant 85 % de la population, les Tutsis (hamitique) représentant 14 % et les Batwas qui sont des pygmées et qui représentent 1 %. Les pygmées ont été les premiers habitants de la région des grands lacs et leur ancienneté est évaluée à plusieurs millénaires[2]. Les Hutus sont probablement arrivés dans la région des grands lacs[3] vers le 11ème siècle et ont subjugué les Pygmées jusqu'à l'arrivée des Tutsis d'origine nilotique et qui ont probablement migré d'Éthiopie vers le 13ème siècle.[4] Le Burundi a connu pendant longtemps la situation de déchirements interethniques et de nombreux conflits sociaux. Cet état a grevé l'épanouissement du citoyen et le développement socio-économique. La genèse de ce conflit remonte à l'époque féodale où la monarchie de droit divin a consacré le servage et le clientélisme comme fondement essentiel du pouvoir. La monarchie constitutionnelle instaurée par Mwambutsa IV lors de l'indépendance politique le 1er juillet 1962 n'a pas changé sensiblement les rapports sociaux entre les ethnies alors que de nombreux citoyens opprimés par la monarchie féodale y avaient placé beaucoup d'espoirs.

---

[1] The World Bank; Burundi - Data & Statistics. *Burundi at a glance.*

[2] Gates, Henry Louis. *Africana*, p. 338.

[3] La région des Grands Lacs est une entité géopolitique modelée du Nord au Sud par un chapelet de lacs formant des frontières naturelles entre les pays qui les entourent : République démocratique du Congo (RDC, ex-Zaïre), Ouganda, Rwanda, Burundi et Tanzanie, tous peuplés de nombreuses ethnies.

[4] Il existe en fait au moins quatre théories sur ces origines. Voir Wikipédia *Origins of Tutsi and Hutu.*

Bujumbura

10 novembre 1963. Le DC7 descendait vers l'aérodrome de Bujumbura. Il était midi, le soleil au zénith éclairait un ciel parsemé de nuages noirs et l'atmosphère était lourde et humide. Nous étions en effet au début de la saison des pluies. Beaucoup de badauds attendaient l'avion car comme nous le constaterons plus tard, l'arrivée deux fois par semaine de l'avion venant de Bruxelles était toujours un évènement. Après avoir réceptionné nos nombreux bagages, nos cochonnets et notre fidèle Johny, nous avons été accueillis par le comptable de l'ISABU, Henri. Il nous a conduit au mythique hôtel Paguidas,[5] le meilleur hôtel à l'époque quoique déjà fort défraîchi. Avant de nous quitter, Henri m'a dit qu'il était prévu que j'aille le lendemain avec mon directeur Alfred reconnaître mon futur lieu de travail à Teza ainsi que nos conditions d'hébergement. Il m'a ensuite précisé de venir seul pour cette première prise de contact. Je n'ai pas posé trop de questions mais compris par la suite la stratégie qui se cachait derrière l'organisation de ce voyage sans Nadine. Le soir, j'ai conduit Johny dans les cuisines de l'hôtel afin qu'il puisse manger. C'était très certainement la première fois que les locaux ont vu un boxer qu'ils ont surnommé Simba ou Lion comme l'avaient déjà fait les employés au sol lors de l'atterrissage à Entebbe. Dans la cuisine, je n'ai entendu que rires et sarcasmes ce que les chiens abhorrent généralement. Pourtant Johny ne s'est montré ni vindicatif ni agressif au cours de cette première rencontre. Au bout de deux jours cependant, énervé par les attitudes du personnel noir, son attitude a totalement changé et il deviendra extrêmement irascible à l'égard des africains.

[5] Hôtel à architecture coloniale qui a été pendant très longtemps le centre des activités de Bujumbura. À la fin du siècle dernier, il a été rasé, remplacé par le Novotel de Bujumbura qui a été repris en 2010 par le groupe Hilton Hôtel.

Le Mythique Hôtel Paguidas
(Photo : Courtoisie de Michèle De Coninck)

IV – TEZA

Premier voyage en brousse

11 novembre 1963. Ce jour a été mon premier contact avec Teza[1] où nous allions vivre pendant sept ans. Teza est situé à 2 200 mètres d'altitude sur la crête Congo-Nil[2] et est distant de Bujumbura de 55 kilomètres dont 35 kilomètres de route asphaltée, 15 kilomètres de route en terre, routes fortement dégradées à l'époque et cinq kilomètres de piste. La route asphaltée était très escarpée et s'élevait de 700 mètres (altitude du lac Tanganyika) à 2 300 mètres en 35 kilomètres. Les virages succédaient aux virages et les précipices aux précipices. De nombreux tronçons d'asphaltes avaient disparu emportés par les éboulements fréquents. Le paysage était envoutant et constitué de collines bien individualisées. La colline, ou *umusozi*,[3] est un terme à la fois social et géographique pour les Burundais. Elle comporte 100 à 150 habitations, en majorité des huttes. Chaque hutte, construite en pisée et revêtue d'un toit de paille, était généralement entourée d'une enceinte d'euphorbes et cernée de bananiers. Les maisons construites en matériaux plus durables avec toiture en tôle étaient rares. Ça et là, se dressaient des bananeraies au milieu desquelles se trouvait l'entrée d'un petit kraal. À proximité s'étendait tantôt un champ de petites cultures, manioc, haricot, courges, tantôt une plantation de caféiers, où, avec ce rythme paysan si caractéristique, houaient, bêchaient, désherbaient quelques agriculteurs.

Après avoir parcouru 35 kilomètres nous sommes arrivés à Bugarama où débute la fameuse crête Congo-Nil. Bugarama situé à 2 300 mètres d'altitude était plongé dans un brouillard épais comme cela a souvent été le cas durant notre séjour et la

---

[1] Anciennement appelé *Nyabigondo* du nom d'un cours d'eau bordant la forêt et ceinturant la future plantation de thé.

[2] La crête Congo-Nil est un important soulèvement montagneux pouvant atteindre plus de 2 600 m d'altitude et formant la ligne de partage des eaux du Nil et du Congo.

[3] La colline est le premier niveau d'appartenance et d'identité, tout comme l'unité de base de gouvernement. De ce fait, la mobilité interne du peuple rural est difficile, et il n'est pas rare d'observer une cohabitation de criminels et de victimes des guerres intertribales. Cette cohabitation semble d'ailleurs être unique dans l'histoire des génocides.

température était fraîche et ne dépassait pas 15 °C. Nous avons ensuite pris la route en terre partant de Bugarama en direction de la frontière du Rwanda et l'avons parcourue pendant quinze kilomètres. À gauche de la route, s'étendait la forêt et à droite des huttes qui parsemaient le territoire car il n'y a pas de villages au Burundi. J'éprouvais un sentiment exaltant d'avoir pénétré dans ce paradis de beauté et de douceur. Après une dizaine de kilomètres, nous sommes arrivés devant un étalage de légumes frais soigneusement alignés contre la roche et rafraichis par une source d'eau coulant de la montagne. Cet endroit magique connu sous le nom de source de Kavumu deviendra notre centre d'approvisionnement en légumes frais.

La Source de Kavumu

Et pourtant je garderai aussi un souvenir macabre de cet endroit comme si l'eau pure de la montagne s'était un jour teintée de rouge lors des drames que nous allions connaître en 1965 et que je relate au chapitre VI. Au bout de quinze kilomètres de route défoncée, nous avons pris sur notre gauche une piste bordée d'eucalyptus que nous avons parcouru pendant deux kilomètres. Ensuite nous avons à nouveau pris sur notre gauche une autre piste se terminant au bout de quelques centaines de mètres par un élargissement bordé par une maison en schistes du pays et un gîte de passage. Au loin à environ trois kilomètres on pouvait distinguer la forêt de la Kibira, cette majestueuse foret secondaire qui s'étend jusqu'au Rwanda et qui sera notre univers pendant sept ans.

Notre gîte

À notre descente de voiture, nous nous sommes dirigés vers la maison en pierres où résidaient Robert et son épouse Maria. Robert, un agronome belge et ancien para-commando au Congo, sera mon collègue pendant sept ans. Après un chaleureux accueil, Robert nous a conduits vers notre future résidence, bel euphémisme car ce n'était en réalité qu'un gîte de passage typique destiné du temps de la colonie à accueillir pendant quelques jours et dans des conditions des plus sommaires les agents de territoire. Le gîte bâti en schistes du pays se caractérisait par des murs épais de 80 cm et l'absence totale de fenêtres. Mon directeur ne m'a rien appris en me disant que la vie ne serait bien évidemment guère facile au début de notre séjour vu l'absence totale de confort et qu'il faudrait que je prépare mon épouse à ces difficultés temporaires. Il a ensuite ajouté de manière rassurante que la construction de maisons permanentes sur le lieu de la plantation allait débuter incessamment et que nous pourrions normalement y aménager endéans les six mois. La vérité a été fort différente et nous sommes restés dans notre gîte pendant 18 mois. Lorsque je suis rentré dans ce dernier j'ai immédiatement compris les raisons qui avaient poussé mon directeur à effectuer cette première visite sans Nadine. Le gîte comportait en effet une première pièce de dimension des plus réduites et sans fenêtres ce qui nous a obligé de garder la porte d'entrée ouverte pendant la journée afin d'avoir un peu de lumière pour autant qu'il ne pleuve pas. Comme intimité c'était vraiment exceptionnel ! Cette pièce qui nous servit à la fois de coin à manger et de pièce de séjour était équipée d'une petite cheminée comme toute source de chauffage. En prolongation de ce local se trouvait une autre pièce qui nous servira de cuisine. Cette dernière était équipée très sommairement d'une cuisinière à

pétrole et d'une malle cantine contenant le strict minimum du point de vue vaisselle. Du temps de la colonie, ces malles cantines ont été utilisées par les agents territoriaux qui se déplaçaient en brousse pendant une période assez longue. Par contre le gîte ne possédait pas de frigo ! Un comble ! C'est à ce moment que j'ai pris pour la première fois conscience que la direction de l'ISABU à Bujumbura se souciait fort peu du bien-être des expatriés vivant en brousse. Elle avait un contrat à respecter avec les financiers du projet pour lequel j'étais engagé et toute économie était bienvenue par le service de comptabilité. À croire que vivre sans frigo était possible alors qu'il fallait acheter des vivres frais périssables pour une durée moyenne de quinze jours car nous n'étions autorisés à nous ravitailler à Bujumbura que deux fois par mois ! Notre premier achat a bien entendu été un frigo à pétrole puisqu'il fallait compter l'électricité pour mémoire. Pour en revenir à la description des lieux, la porte arrière de la cuisine faisait face à une forêt d'eucalyptus. À gauche de notre pièce de séjour se trouvait une chambre également sans fenêtres, sombre comme une cave et qui sera notre chambre à coucher ! Aucune porte ne séparait la pièce de séjour de notre chambre. En lieu de porte nous avons installé un rideau. De notre chambre en descendant trois marches se trouvait une autre pièce qui sera notre salle de bain pour autant que l'on puisse appeler cette pièce obscure démunie de fenêtres une salle de bain. Comme tout équipement l'on y trouvait une baignoire récemment installée et un lavabo. Vraiment spartiate. Quant à la toilette il n'y en avait pas dans la maison. Il fallait sortir par la porte de la cuisine, marcher une trentaine de mètres pour trouver l'abri toilette. De plus, les pluies subtropicales - intenses et fréquentes - rendaient ce court déplacement très agréable.
Si de jour cette marche dans la nature était tolérable, de nuit par contre, ce déplacement avec une lampe à pétrole comme seule source de lumière, n'était guère idyllique et les rencontres avec les araignées et les blattes plus couramment appelés cafards dont certains pouvaient atteindre 4 à 5 cm de longueur étaient fréquentes.
Quant à l'approvisionnement en eau de notre gîte, il provenait d'un fût d'essence de 200 litres transformé en citerne et placé sur le toit du gîte. Pour alimenter la citerne en eau, un camion équipé d'une remorque citerne a fait la navette de manière aussi régulière que possible entre la rivière Nyabigondo située à environ 500 mètres dans le fond de la vallée et notre gîte. Ensuite, l'eau était montée sur le toit dans des seaux transportés par des travailleurs puis versée dans la citerne. Chaque jour, afin d'avoir de l'eau chaude le

gardien allumait un feu dans le foyer en briques construit sous la citerne. Quant à l'alimentation en électricité, elle provenait d'un vieux groupe électrogène bien fatigué datant d'avant la 2ème guerre mondiale. Après cette prise de contact avec notre future maison nous sommes redescendus à Bujumbura où Nadine m'attendait impatiente de connaître mes impressions. J'avais cependant la tête plein d'idées noires, craignant que Nadine refuse de vivre dans ces conditions aussi austères et décide de rentrer en Belgique. J'ai donc essayé de la préparer au mieux au choc qu'elle allait nécessairement éprouver à la découverte de notre future résidence mais aussi à la vie en brousse, isolés de tout si ce n'est nos voisins. Dans un premier temps je me dis qu'il ne fallait surtout pas que je l'effraie en lui décrivant le gîte tel que je l'avais vu. Je lui ai donc raconté que les conditions de vie seraient assez sommaires mais que je préférais qu'elle juge par elle-même. Je ne suis pas rentré dans les détails du plan du gîte car j'avais décidé de procéder par étapes de sensibilisation en lui montrant différentes habitations d'africains d'un niveau inférieur à notre gîte lorsque nous prendrions la route pour Teza. Ce moment de préparation et de sensibilisation a été pour moi une épreuve clé de notre jeune vie conjugale.

Installation

Trois jours après notre arrivée à Bujumbura, nous avons pris la route en direction de Teza. Nadine s'étonna du degré de pauvreté de la population et de la rusticité des habitations que nous avons croisées et ne pût s'empêcher de me poser certaines questions concernant notre future maison. Un bien grand mot me dis-je pour décrire un gîte de passage. À la vue d'une maisonnette modeste construite en briques locales avec toit en tôle, puis d'une autre un peu plus sophistiquée je lui dis que notre futur gîte s'apparentait à ce type de constructions. Le silence régna dans la voiture. Puis, après avoir passé Bugarama et roulé pendant une demi-heure sur la route en terre puis sur la piste, nous sommes enfin arrivés devant notre gîte. Je fus surpris par la réaction de Nadine qui s'exclama que ce gîte était acceptable car elle s'était attendue à une construction plus sommaire similaire à celles que je lui avais montrées en cours de route. Mon travail préparatif de visionnement de maisons potentielles tout au long de la route avait donc porté ses fruits et Nadine s'habitua à mon grand étonnement et de manière extraordinaire à nos conditions de vie des plus sommaires.

Le gîte

Le gîte

Johny, le gardien du gîte

Nous avions à peine pris possession de notre gîte, qu'un burundais d'une bonne vingtaine d'année se présenta à nous. Il s'appelait Joseph et était à notre disposition comme boy de maison[4]. Joseph, qui avait terminé sa 5ème primaire, niveau de scolarisation rare à l'époque en brousse, parlait un français tout a fait acceptable ce qui facilita grandement notre acclimatation. Effectivement, le kirundi, langue officielle du Burundi, est une langue extrêmement complexe faite d'allusions et de proverbes et la transmission d'information est difficile à capter pour un étranger car cette transmission se fait entre les lignes, est souvent cachée et est rarement transmise directement. J'apprendrai cependant à découvrir certaines subtilités de cette langue au cours de notre séjour.

[4] Terme des colonies belges emprunté à l'anglais signifiant tout employé de maison et n'ayant aucune connotation péjorative ou raciste.

Premier contact avec mon univers de travail

Il est six heures du matin le lendemain de notre arrivée et j'entends des coups sourds frappés à la porte de notre gîte. C'est la manière très militaire utilisée par mon collègue Robert pour me tirer du lit sans aucune considération pour Nadine et m'informer que dans une demi-heure nous irons assister à l'appel des travailleurs. Au cours de ce processus il nous faudra notamment vérifier si le programme des travaux est conforme à la planification établie et faire les ajustements nécessaires. Une demi-heure plus tard, nous avions parcouru les trois kilomètres de piste séparant nos maisons du point d'appel qui marque aussi le début de la fameuse forêt secondaire de la Kibira. À l'appel, environ 300 travailleurs étaient présents, nombre qui grossira jusqu'à deux mille lorsque l'expansion de la plantation et l'exploitation de cette dernière se feront simultanément.

C'était mon premier contact avec la pauvreté extrême de ces travailleurs pour la plupart hutus, marchant pieds nus et vêtus de shorts rapiécés et de pagnes en loques de couleur douteuse. Les 300 travailleurs ont été répartis en dix équipes de 30 hommes à la tête de laquelle se trouvait un contremaître ou *capita*. Ces derniers appartenaient généralement à l'ethnie tutsie, d'un niveau scolaire plus élevé à cette époque que celui des Hutus, et donc mieux formés pour prendre des fonctions de responsabilités. Plus à l'écart, car toujours marginalisés et discriminés par les Tutsis et les Hutus, se trouvait un petit groupe de Batwas qui étaient recrutés pour leur aptitude à fabriquer des outils et faire de la poterie. Les Batwas ont aussi été comme nous le verrons dans les chapitres suivants recrutés par des Hutus pour se livrer à des tâches bien plus sombres que la fabrication de poterie et outils. C'est au cours de l'appel que j'ai entendu pour la première fois le mot *Umuzungu* accompagné de l'adjectif *pili*. *Umuzungu*[5], utilisé au Rwanda et Burundi est dérivé du terme swahili Mzungu qui signifiait à l'origine une personne qui se déplace fréquemment d'un endroit à l'autre. Par extension *mzungu* a été le nom donné aux Européens blancs tandis que *pili* se traduit par le chiffre deux et signifiait que j'étais le second blanc de la plantation.

L'appel terminé, mon collègue et moi sommes partis à pied rejoindre un premier groupe de travailleurs qui avaient reçu comme instructions de défricher la forêt. Nous avons parcouru une

[5] Variation régionale du mot Mzungu.

amorce de route en terre s'enfonçant dans les profondeurs de la forêt qui s'étendait à perte de vue. Puis j'ai aperçu quelques hectares de défrichés, et une petite parcelle expérimentale de thé mise en place trois ans auparavant afin de tester l'aptitude de la culture de thé dans les conditions climatiques de Teza. Les informations recueillies sur cette parcelle nous seront extrêmement précieuses pour exécuter les travaux de ce qui deviendra sept ans plus tard le premier bloc industriel de 500 ha de thé au Burundi.

De la ville à la brousse, de la théorie à la pratique

L'humain est un être fascinant car il dispose de facultés d'adaptation assez incroyables. En effet passer du confort douillet que nous avions connu en ville à des conditions de vie austères en brousse n'a pas été chose évidente. Les précipitations étaient abondantes en ce début de petite saison des pluies rendant notre gîte extrêmement humide et ce malgré le feu de bois allumé tôt le matin par Joseph et que nous laissions s'éteindre en début de soirée. Puisque nous n'étions pas loin de l'équateur, la durée du jour était quasi constante tout au long de l'année avec au maximum une variation d'une demi-heure. Le soleil se levait vers 6 heures et se couchait vers 18 heures. Nadine s'est adaptée aux conditions locales d'une manière qui m'a toujours profondément surpris. Passer de la cuisine au gaz à celle utilisant le pétrole et ses fameuses mèches bien capricieuses et rendant souvent la cuisson imprévisible n'a pas été une sinécure. De plus il fallait aussi adapter les temps de cuisson avec l'altitude puisque la température d'ébullition de l'eau s'abaisse, comme nos professeurs nous l'ont appris, avec la diminution de la pression atmosphérique. Ces deux facteurs combinés ne rendaient guère la cuisine aisée. Quant au frigo à pétrole, tout aussi capricieux, il fallait le surveiller constamment afin de prévenir toute mauvaise combustion se matérialisant par une fumée noire suivi d'un dégel rapide. Pour ce qui est de l'approvisionnement en eau il s'est avéré fort irrégulier en saison de pluies du fait de l'impraticabilité fréquente de la route menant de la rivière Nyabigondo à notre gîte. Enfin, l'alimentation en électricité limitée de 18 heures à 22 heures s'est avérée des plus capricieuses ce qui n'a guère facilité notre vie. Le vieux groupe datant d'avant la seconde guerre mondiale était bien fatigué et très bruyant, les pannes ont été fréquentes et les soirées à la bougie ou au pâle éclairage de la lampe à pétrole nombreuses. Quant à la tension, elle aurait du être en principe de 220 volts mais elle oscillait généralement entre 150 et 200 volts. Cette oscillation permanente ne facilita guère l'utilisation des quelques appareils électriques dont nous nous étions équipés avant de partir. Et pourtant, Nadine la citadine, s'est rapidement adaptée à ces conditions de vie assez particulières.

Quant à moi j'ai vite constaté qu'il existait une énorme différence entre la théorie universitaire et la pratique agronomique. La déforestation s'avéra un travail des plus pénibles car elle nécessitait une reconnaissance préalable des futurs terrains destinés à la production théière. Pour effectuer cette reconnaissance, j'ai parcouru inlassablement cette forêt secondaire ombrophile encore appelée forêt tropicale humide d'une biodiversité très riche en bois de valeur. Les essences les plus remarquables incluaient notamment l'*Entandrophragma* dont le bois ressemble à l'acajou et qui peut atteindre 60 mètres de hauteur et le tronc deux mètres de diamètre, ou le *Prunus africana*, magnifique arbre a feuillage vert pérenne connu pour ses propriétés médicinales[6]. J'ai aussi découvert une surprenante végétation constituant un défit du temps, certaines espèces représentant de véritables fossiles vivants tels que les lichens, les fougères arborescentes, et les mousses épiphytes. Précédé de quelques travailleurs qui me frayaient un passage à la machette dans cette forêt dense, nous progressions selon des axes nord-sud puis est-ouest que je leurs indiquais au moyen de ma boussole. J'ai, tel un grimpeur escaladant une falaise, monté des pentes de 60 ° à 70 °[7] afin d'identifier dans un premier temps les terres inaptes à la production théière selon des critères de pente afin de minimiser l'érosion potentielle. C'est ainsi que j'éliminais les pentes dépassant 45 °, car jugées inadéquates à la production théière. Ces endroits n'étaient par conséquent pas défrichés. Ce travail éreintant n'a guère été facilité par les pluies diluviennes et froides fréquentes au cours de la petite saison des pluies qui s'étalait de la mi-octobre à début janvier et redoublant de violence en grande saison des pluies qui durait de février à mai. J'ai rencontré au cours des nombreuse heures passée dans cette forêt plusieurs familles de chimpanzés, des babouins, des cercopithèques et des colobes noirs, mais aussi des servals et civettes africaines ainsi que deux espèces de vipères particulièrement vénéneuses dont la redoutable vipère du Gabon (*Bitis gabonica*), un des plus gros serpents venimeux du monde pouvant atteindre 1.60 m, et la non moins redoutable vipère verte ou vipère des grands lacs (*Atheris*

[6] Traitement de l'Hypertrophie bénigne de la prostate.

[7] 100 % = pente de 45 °.

nitschei), d'environ 60 cm, difficile à repérer car se confondant facilement avec le feuillage.
Heureusement, les travailleurs qui me précédaient et qui marchaient de surcroit pieds nus savaient comment les repérer. La vipère du Gabon émet en effet un sifflement caractéristique lorsque l'on s'approche d'elle et la vipère des grands lacs a une couleur qui se différencie subtilement du feuillage avoisinant. Une erreur de jugement et la morsure de ces individus peut être fatale ou mener à l'amputation du membre mordu. Ces travailleurs m'ont enseigné comment marcher en forêt les sens toujours en éveil et m'ont aussi montré que la vipère du Gabon, redoutée par beaucoup et chasseur impitoyable à la tombée de la nuit est en réalité non agressive et somnolente pendant la journée. C'est ainsi que j'ai eu la chance d'assister à une scène assez unique au cours de laquelle un travailleur caressait le cou d'une vipère du Gabon avec sa machette puis, lorsque le reptile qui appréciait semble t'il de se faire caresser, était calme, l'attrapait avec ses mains par le cou sans qu'elle ne manifeste aucune hostilité particulière ! Cet univers fascinant où la découverte fût constante sera le mien pendant sept années inoubliables.

Lorsque nous avions établi suffisamment de kilomètres de percées nord-sud et est-ouest, j'ai effectué les relevés topographiques afin de mettre sur carte les terrains à défricher et à ne pas défricher. J'ai fait de même avec les routes et pistes. Quand je repense au travail topographique que j'ai réalisé j'en ris encore. En effet, lorsque mon directeur et moi étions montés à Teza pour la première fois, il m'a annoncé qu'une de mes responsabilités serait de mettre la totalité de la plantation sur carte et d'en mesurer la superficie afin de pouvoir, preuves à l'appui, démonter l'avancée des travaux aux Gouvernement et à la Communauté économique européenne finançant le programme de la production théière. Bien évidemment mon directeur m'a demandé si j'étais familier avec le travail topographique et je lui ai candidement répondu que je ne devrais avoir aucun problème puisque la topographie avait été un de nos cours de ma première année d'ingénieur et que j'avais suivi de nombreux travaux pratiques. La vérité était cependant totalement différente puisque je ne connaissais pratiquement rien à la topographie. Je n'avais que peu fréquenté les cours et travaux pratiques et mes notes lors de l'examen final n'ont été que le reflet de mon assiduité remarquable. Heureusement que la topographie n'était qu'un cours parmi 24 ! J'ai donc demandé à un ami resté en Belgique de m'envoyer de toute urgence les cours et travaux pratiques afin que je puisse combler mes lacunes tant théoriques que pratiques et me familiariser avec la manipulation d'un théodolite dans l'aire de parking située devant notre gîte. Au début je mesurais la longueur relevée avec une chaine d'arpenteur pour voir si mes calculs étaient corrects et je faisais de même avec les angles en me servant d'une boussole. Un véritable travail de novice que j'étais. Petit à petit cependant la topographie n'a plus eu de secrets pour moi.

Une terrible tragédie

26 novembre 1963, quinze jours après notre arrivée. Je revenais ce matin-là de l'appel des travailleurs pour prendre mon petit déjeuner. Quelques minutes plus tard j'ai vu arriver une Volkswagen blanche conduite par Mr. Jean, directeur de la production théière à l'ISABU. « J'ai une mauvaise nouvelle à vous annoncer », me dit-il. Je m'attendais à tout sauf à ce qu'il m'annonce que ma Maman était décédée la veille le 25 novembre dans un accident de voiture à Guise dans le nord de la France. J'avais l'impression de vivre un mauvais rêve et pourtant la vérité ne trompait pas. Moi qui étais si loin, au bout du monde, isolé sur ma colline, plus jamais je ne la reverrais. J'ai été sidéré, bouleversé par cette mort brutale accidentelle. Je ne suis pas rentré en Europe faute de temps car Maman devait être enterrée deux jours après l'accident. Quelques jours plus tard, cependant, j'ai reçu sa dernière lettre écrite une semaine avant sa mort. Elle voulait partager avec nous son bonheur de nous savoir Nadine et moi, partis si confiants et plein de joie faire notre vie dans cette Afrique mystérieuse. Elle m'a aussi confié, qu'elle viendrait nous voir dès que possible car l'aventure et le voyage ont toujours fait partie de sa vie et que la lointaine Afrique la fascinait. Mais cette fois ce beau rêve s'est brisé brutalement sur cette petite route étroite du nord de la France où un camion a percuté l'avant de sa voiture et, sous le choc, une valise située sur le siège arrière lui a brisé le cou. Maudite voiture que cette Renault Dauphine au sein de laquelle Nadine et moi avions eu un terrible accident un an plus tôt lorsque la voiture s'est retournée à trois reprises dans un virage sur une petite route du Danemark. Le sort est étrange n'est-ce pas ? Les jours ont passé et j'ai eu besoin de lire Maman, de voir des photos, de vivre mes souvenirs, seul. J'ai eu envie de vivre mon chagrin seul pleinement et jusqu'au bout. Plus tard, lorsque je me suis rendu sur sa tombe à Guise en France, j'y ai planté un thuya nain car cet arbre est de la famille des *Cupressacées*, et donc un proche parent des cyprès qui délimitent la forêt de la Kibira, notre forêt. C'est ainsi que j'ai bouclé la boucle, c'est ainsi que j'ai transmis à ma manière ce que maman n'a jamais pu voir. Le thuya a maintenant près de 40 ans et me rappelle chaque fois que je me rends sur la tombe de maman que la vie est si fragile et qu'il faut en apprécier chaque moment.

L'inauguration du dispensaire

Décembre 1963. Au cours du mois nous avons reçu un carton d'invitation de la part de l'administration communale de Busangana (devenue Bukeye), petite commune située à 15 kilomètres de Teza, nous priant d'assister à l'inauguration de leur dispensaire. Nous étions honorés et avons revêtus des vêtements que nous pensions adaptés pour la circonstance. La saison des pluies était bien avancée et c'est sous une pluie battante que nous sommes arrivés devant le dispensaire. Ce dernier était un bâtiment austère dont les pourtours mal drainés ne facilitaient guère l'accès pour les visiteurs et visiteuses chaussés comme nous l'étions. Une foule considérable attendait tout autour et des danseurs tutsis communément appelés *intore*, littéralement les élus, s'apprêtaient à nous offrir un spectacle qui fût en tous points fascinant.
L'administrateur nous a accueilli chaleureusement dans un français approximatif et nous a présenté à un groupe de notables. Ensuite nous avons fait connaissance de Roger, un jeune médecin belge en poste à l'hôpital de Muramvya, la troisième ville du pays distante de Teza d'environ 25 kilomètres. Puis un ballet envoutant a commencé. Un ballet représentant des danses guerrières ou mouvements d'ensemble et solos permettant à ces danseurs tutsis longilignes, les danseurs Intore, vêtus de peaux de léopard ou de serval, les chevilles prises dans des anneaux de grelots et coiffés de crinières blanches, de faire montre de leur adresse à manier l'arc et la javeline tout en mettant en exergue leur grâce et souplesse de leur danse rythmée. Ce ballet était soutenu par une musique provenant d'instruments à vent et d'un orchestre comprenant sept à neuf tambours qui produisaient une explosion de rythmes enchevêtrés, hypnotiques et excitants. Les tambours n'étaient cependant pas tous identiques et il y en avait trois sortes : des grands tambours dénommés *igishikizo*, des plus petits tambours ou *ishako* et enfin le tambour portant les couleurs du Burundi ou *inkiranya.*

Au début du ballet, les danseurs sont venus à tour de rôle devant les hôtes, s'incliner, redresser le torse, balancer les bras armés du bouclier ou de la javeline. L'amour de saluer, c'est la figure de bienvenue qui amorce toute exhibition d'intore. La suite comprenait une succession de scènes guerrières. Les danseurs avançaient, reculaient, se déportaient d'un coté puis de l'autre. Ils se contorsionnaient, couraient, s'inclinaient, bombaient le torse brandissant leurs armes. Frappant au rythme des tambours un sol qui tremblait et résonnait à son tour d'un grondement de plus en plus intense qu'amplifiait encore les grelots, visages hostiles, ils s'avançaient javelines pointées en s'arrêtant brusquement à un mètre de nous. Impressionnant ! Les danseurs ont marqué la fin de leur danse en brandissant leurs armes et en poussant une longue clameur.

Danseurs Intore
(Photo : Courtoisie de Michèle De Coninck)

Ensuite nous avons eu droit à la visite guidée du dispensaire malheureusement pauvre en matériel et en médicaments. Notre déception n'a pas échappé au responsable du dispensaire qui nous a expliqué que l'approvisionnement pharmaceutique était volontairement limité pour l'instant cat il fallait d'abord former le personnel et lui enseigner l'utilisation correcte et la dose appropriée de chaque médicament. Il s'est cependant montré très confiant pour le futur et nous a assuré que le dispensaire serait pleinement fonctionnel d'ici quelques mois. La réalité sera fort différente comme j'allais l'observer tout au long de mon séjour à Teza. La pénurie de médicaments sera monnaie courante par suite d'une gestion laissant à désirer et d'un manque de financement criant.

Un défi permanent

Les jours passaient, chacun d'eux apportant de nouveaux paysages et d'autres émotions. Je m'adaptais progressivement aux conditions de travail et de vie rigoureuse. Poussant vers l'ouest la queue des pluies de décembre, le mois de janvier 1964 marquait le début de la petite saison sèche qui s'installait pour quelques semaines. Suspendu entre ciel et terre, un voile léger adoucissait l'éclat du soleil et donnait aux couleurs l'opalescence de l'aquarelle. Cette saison a permis une progression sensible dans les travaux de défrichement et de brulage mais apporta aussi son lot d'accidents de travail. Inlassablement je parcourais et quadrillais cette forêt extrêmement dense, calculais les pentes, sondais le sol pour éliminer toute terre trop pierreuse impropre à la théière, analysais la structure en palpant ou goutant la terre afin de me faire une première idée de la teneur en argile, critère important pour la théière, et guider ainsi les relevés pédologiques. Au gré de ma journée je passais ainsi de la forêt, à l'aménagement des pépinières, aux travaux de plantation voir à la construction de ponts et routes. Je devais également chaque matin relever le débit et la vitesse du courant de la rivière Nyabigondo afin de disposer de données de base essentielles à la construction de la turbine prévue pour alimenter la future usine de thé. Il fallait tout savoir et tout faire. Le travail était particulièrement ardu et délicat pour creuser les routes après avoir procédé à tous les relevés topographiques requis, tâche particulièrement complexe si ces relevés devaient être faits en forêt, et construire les ponts. Des centaines de travailleurs étaient affectées chaque jour à cette rude tache. Ils creusaient, terrassaient, déplaçaient la terre à l'aide de bèches et de paniers. Rien de mécanique. Si la teneur en argile était trop élevée ce qui pouvait rendre la route dangereuse voir impraticable en saison des pluies, il fallait acheminer une quantité impressionnante de pierraille qui servait à établir deux bandes de roulements.

Ensuite, début février débutait cette fameuse grande saison des pluies qui rendait les conditions de travail et de déplacement particulièrement pénibles. Les routes en terre étaient particulièrement dangereuses et les éboulements fréquents. Pour mes déplacements, j'utilisais alternativement ma Jeep Willis en tout point similaire à celle qui avait fait ses preuves pendant la seconde guerre mondiale ou ma moto tout terrain. Celle-ci me rappelait mes années folles où je participais à des courses de moto en Belgique alors que je terminais mon cycle secondaire. Parfois j'empruntais le camion si le chauffeur, fort porté sur la boisson, me semblait en état d'ébriété trop avancé que pour conduire. En fin de journée, il m'arrivait aussi de prendre le tracteur équipé d'une pelle afin de préparer dans la vallée un terrain de football pour les travailleurs. J'avais en effet décidé de monter une équipe de football dont j'ai fait partie et d'organiser des rencontres avec des clubs locaux.

La Jeep

Défrichement

Défrichement

Construction d'une route

Construction d'une route

Quant aux conditions de travail des travailleurs elles étaient extrêmement astreignantes du point de vue physique et sanitaire et les règles de discipline laissaient peu de place à la tolérance. Sous-alimentés, sans vêtements les protégeant de la pluie, les ouvriers devaient travailler quelles que soient les conditions climatiques sauf cas extrêmes et faire des travaux exténuants à la tâche tels que le labour au m², le creusement d'un nombre fixe de trous pour préparer la mise en terre des théiers voir le creusement des routes au mètre linéaire. Du point de vue discipline, il fallait que je me montre strict sans tomber dans l'excès. Il fallait faire respecter l'appel de sept heures sans malheureusement pouvoir faire de distinction entre travailleurs vivant à proximité de la plantation ou ceux astreints à trois à quatre heures de marche pour rejoindre le point d'appel. Pour ces travailleurs la journée commençait à trois ou quatre heures du matin et se terminait à la nuit tombante. C'était un rythme de vie exténuant pour un maigre salaire. Les travailleurs en retard ne pouvaient généralement pas participer aux travaux et perdaient donc le bénéfice de leur maigre salaire. Je me souviens aussi qu'en saison des pluies et sous une pluie battante ce qui était fréquent, les travailleurs en guenilles, transis de froid, essayaient de s'abriter tant bien que mal des intempéries. Dans ces conditions, il fallait que je me montre compréhensif tout en restant ferme et exhorter les travailleurs à reprendre le travail dès que la pluie diminuait d'intensité. Du point de vue sanitaire, les conditions de travail en saison des pluies étaient bien entendu extrêmement pénibles car les pluies fréquentes ne permettaient pas aux vêtements de sécher et les maladies respiratoires étaient malheureusement fort fréquentes. Le contexte de travail n'était donc guère simple lorsque j'ai commencé à travailler au Burundi fin 1963. J'avais avant tout des comptes à rendre vis-à-vis de ma direction, des objectifs à atteindre et des coûts à respecter. Je devais donc associer fermeté et flexibilité dans l'exécution des travaux et surtout veiller à ne pas tomber dans cet engrenage facile de fermeté sans flexibilité à l'image de certains de mes collègues ou connaissances dont le comportement vis-à-vis des autochtones ne s'était pas encore fondu dans le moule de l'indépendance toute récente et des changements que cette dernière devait engendrer du point de vue relations entre les expatriés et les locaux J'étais donc continuellement confronté à cette difficile dualité mais je pense avoir réussi à maintenir fermeté et souplesse lorsque nécessaire. Avec le recul , je pense en effet en toute objectivité avoir réussi à forger des liens de respect avec les travailleurs et à ne pas m'attirer d'inimitiés profondes qui auraient pu avoir des conséquences tragiques lors des évènements très graves que nous avons vécus et que je relate plus loin dans ce livre.

Ces premiers mois ont donc été une expérience absorbante, parfois compliquée, délicate, et coûteuse en efforts. C'était une période d'apprentissage, un investissement pour l'année suivante. J'ai du bousculer certaines idées reçues et être disponible pour la surprise et surprise il y a eu. J'ai donc vécu la tranquillité et la non-tranquillité de ma fonction. Ce qui comptait surtout c'était d'avoir la force morale pour aller au-delà de mes limites d'endurance face aux efforts physiques, à l'inconfort des lieux et aux conditions climatiques rigoureuses. L'humidité et les pluies torrentielles de la saison des pluies rendant pistes et routes glissantes et dangereuses faisaient place à la rigueur de la longue saison sèche s'étalant de juin à septembre et caractérisée par des températures avoisinant 0 °C dans les bas-fonds ce qui transformait la rosée en cristaux blanc et donnait aux plants de thé un aspect féerique. Mon travail a donc été un défi continuel car je me suis trouvé à maintes reprises seul face aux problèmes qu'ils soient techniques ou humains. Et ces derniers sont ceux qui m'ont le plus marqué.

Les Batwas et la chasse

Lorsque nous étions à Teza, les Batwas vivaient avant tout de la chasse, de la cueillette et de la poterie.
À cette époque, ils ne cultivaient pas la terre et entretenaient des liens étroits avec la forêt qu'ils vénéraient et protégeaient depuis des générations. Beaucoup d'entre eux se sont sédentarisés par après car la forêt a régressé et les animaux sauvages sont en voie d'extinction. Le soir après le travail Nadine, Johny et moi allions souvent nous promener aux confins de la forêt de la Kibira. Quoi de plus beau que de contempler la beauté majestueuse de cette forêt grandiose, d'écouter le chant des oiseaux et les cris des singes qui se balançaient de branches en branches à la vue de Johny. Souvent nous croisions des Batwas qui partaient à la chasse ou en revenaient armés de leurs arcs et flèches empoisonnées et de leurs lances. Ils étaient accompagnés par leur chien de chasse, le *basenji*, appelé aussi parfois terrier Nyam-Nyam ou terrier du Congo. Le *basenji* est un chien primitif qui n'aboie pas mais il peut émettre des sons qui ressemblent au hurlement, au geignement et même au chant tyrolien. Quant à l'arc batwa il est généralement fait d'une tige de bambou fendue renforcée en son milieu. Les flèches utilisées sont différentes selon le gibier chassé : à pointe en fer ou en bambou durci recouvert de poison pour la chasse au singe tandis que des flèches en bois sont utilisées pour la chasse aux oiseaux. Les batwas ne chassaient cependant pas les reptiles considérées comme espèces interdites à la consommation. Les esprits de la forêt sont en effet censés être incarnés par les reptiles qui étaient considérés comme animaux protecteurs. Enfin, les

batwas utilisaient le fumage traditionnel en utilisant des fumoirs à pieux pour conserver leur viande. Quel spectacle fascinant que de voir ces petits hommes partir à la chasse avec leurs chiens en utilisant des armes qui n'ont guère évolué depuis des millénaires et en revenir chargés de rongeurs, de primates ou d'oiseaux.

L'accident

Le midi, j'avais l'habitude de rentrer déjeuner. Un jour vers 13 heures on est venu me chercher pour me signaler qu'un sévère accident s'était produit en plantation lors du défrichement. J'ai pris ma jeep que j'ai laissée en bas d'une colline où le défrichement était en cours, puis j'ai parcouru les deux kilomètres me séparant du lieu de l'accident. Le choc fut horrible et les mots ne peuvent exprimer ce que j'ai vu, entendu et ressenti. J'étais pétrifié. Une cinquantaine d'hommes étaient en effet ensevelis dans un trou sous une énorme souche faisant plusieurs mètres de diamètre et pesant plusieurs tonnes. Lors du défrichement d'une grosse souche, les travailleurs s'adossent généralement dans le trou d'une ancienne souche à environs 30 m de la souche en question. Ce trou sert de support pour tirer une souche à l'aide de câbles en acier et d'un tire-fort. Normalement dès que la souche commence à bouger les travailleurs évacuent rapidement leur position. Dans ce cas, la souche s'est dégagée d'un coup de son socle, a pris très rapidement de la vitesse vu son poids et en quelque secondes a enseveli les malheureux qui n'avaient pas eu le temps de fuir. Il y avait de nombreux morts et des blessés très graves avec des jambes amputées ou complètement disloquées. Le sol était rouge du sang qui n'arrêtait pas de couler tandis que les gémissements couvraient le bruit des travailleurs survivants qui essayaient de dégager leurs camarades. Il fallait dégager les blessés au plus vite, mais comment faire bouger une souche de plusieurs tonnes. Il fallait aussi arrêter rapidement ces hémorragies externes, il fallait stopper l'écoulement de ce sang rouge avec lequel la vie partait sur cette colline de mort. J'étais seul à prendre les décisions, seul face à ce carnage. J'ai fait appel à des travailleurs additionnels pour bouger la souche à l'aide de câbles et tire-forts. Un temps qui me semblait infini s'écoula avant qu'elle ne bouge et qu'elle ne dévale la colline libérant ainsi les morts et les blessés. En prenant des lianes les travailleurs et moi firent des garrots de fortunes. Ensuite, il a fallu séparer les morts des blessés et transporter ces derniers jusqu'à la route. Les moins gravement atteints étaient transportés à dos d'hommes tandis que les blessés les plus sérieux étaient portés sur des civières de fortunes. J'ai fait venir le tracteur avec sa remorque et nous y avons placé les blessés les uns à côté des autres. J'ai pris soin des plus gravement atteints et les ai fait installer dans ma jeep. Ensuite le convoi a pris la direction de Muramvya où se trouvait le plus proche hôpital dont s'occupait Roger notre ami médecin. Le trajet était interminable. Une demi-heure en jeep et prés d'une heure avec le tracteur. Arrivés à l'hôpital, l'infirmier de service nous a regardé hagard et près de la syncope à la vue de ces corps mutilés, puis il s'est précipité à l'intérieur de l'hôpital appelant à grand cris les infirmiers et infirmières. Quant à moi, je suis allé chercher Roger qui habitait à un kilomètre de l'hôpital. Dans ce dernier, la place manquait et les blessés étaient allongés à même le sol dans les couloirs. Toute le nuit Roger a opéré ou plus exactement amputé pour parer au plus pressé. Le tracteur et moi ont encore fait un voyage pour transporter les morts jusqu'à la morgue de Muramvya. Cette journée m'a marqué à jamais et les stigmates sont encore si frais dans ma mémoire. Quand je repense à cet évènement fatidique, quand je repense à cet enfer, à ces malheureux dont la vie a été brisée à jamais, je revis ce cauchemar et j'en ai encore le frisson.

La famille s'agrandit

21 avril 1964. Mi-avril 1964, j'ai conduit Nadine chez des amis à Bujumbura afin qu'elle soit à proximité de la clinique Prince Rwagasore où il était prévu qu'elle accouche sous peu. En effet, rester en brousse en pleine saison des pluies et attendre le dernier moment était bien trop risqué car les éboulements étaient fréquents et la route souvent coupée pendant un certain temps. Je suis remonté à Teza et j'ai attendu que l'on m'informe de l'imminence de cet heureux évènement. Le 20 avril à la phonie de 7 h30, on m'a signalé que l'accouchement serait provoqué le lendemain. J'ai pris ma VW et suis descendu immédiatement pour me retrouver bloqué à mi-parcours par une énorme coulée de boue coupant la route et s'étalant sur une longueur d'environ 100 mètres. Que faire ? Je n'avais pas d'autre alternative que d'essayer de traverser ce lit de boue. En effet faire un immense détour par une autre route en terre aurait été des plus hypothétiques et espérer l'arrivée d'un bulldozer pour dégager la route était un rêve pieux. Je me suis donc aventurer à pieds pour mesurer la profondeur de la boue puis j'ai décidé de tenter le tout pour le tout. J'ai pris de la vitesse et suis passé ou plutôt j'ai glissé grâce au fond plat de la voiture sur cette couche de boue tel un skieur sur la neige. Je suis finalement arrivé devant la clinique à temps pour être le témoin de la naissance de notre fils Eric le 21 avril à 8 h30. Lorsque notre fils est né, nous avons eu un délicieux moment d'amour, de tendresse et d'intimité. Nous étions si heureux. Dehors, les fleurs des flamboyants projetaient les reflets de leur teint orange comme si la nature voulait célébrer cette naissance en nous gratifiant de ses plus belles couleurs. Peu après l'accouchement je me suis rendu à la poste afin d'envoyer en Belgique un télégramme pour annoncer cet heureux évènement. Quelques jours plus tard nous sommes remontés dans notre brousse où Eric resta jusqu'à l'âge de six ans.

Clinique Rwagasore

BELRADIO TELEGRAMME TELEGRAM UBA

<< DESCHIENS

399 BLDOESMETDENOEYER BRUXELLES==

BELRADIO

<=<=====< BR53 BUJUMBURA 9/8 21 1120=

<< ERIC HUIT HEURES TRENTE=<=<

Télégramme

Bien évidemment la vie en brousse dans notre gîte avec un nouveau né et une alimentation électrique inexistante en journée, des plus capricieuses le soir et une lampe à pétrole comme seule source de lumière blafarde la nuit n'a pas été simple. Les nuits étaient froides et humides et notre chambre ou plutôt notre caveau l'était tout autant. Eric pour des raisons que nous ne connaissions bien entendu pas pleurait systématiquement tous les soirs. Impossible de le faire taire. Et pourtant une personne parvint à le calmer et le faire dormir sans que nous lui ayons demandé quoique ce soit. En effet, notre *zamu*, nom commun pour désigner un gardien ou sentinelle, un Tutsi faisant quasi deux mètres s'introduisait dans notre gîte dès qu'il entendait des pleurs et se mettait à chanter et frapper des mains ce qui provoquait très rapidement et infailliblement l'assoupissement d'Eric ! Puis il retournait s'assoir devant son feu de bois, et continuait à chanter jusqu'à tard dans la nuit tout en s'abreuvant de bière chaude pour laquelle il avait un très fort penchant. Nous l'aimions bien notre *zamu* !

Les visites du Mwami

Au cours de la grande saison sèche qui débutait en juin, nous avons eu à plusieurs reprises le dimanche la visite du Mwami Mwambutsa IV. Friand de fraises, très abondantes devant notre gîte, et de whisky, Mwambutsa IV se faisait conduire à Teza dans sa Cadillac blanche décapotable accompagné de son garde du corps et de sa maîtresse toute aussi blanche que sa Cadillac. C'est au cours de ces visites qui ont été nombreuses que nous avons appris à connaitre le Roi du Burundi, homme très simple et d'une grande distinction qui se faisait toujours un plaisir de venir dans notre modeste gîte boire ses quelques verres de whisky pendant que des travailleurs cueillaient ses fraises et que sa maîtresse restait à l'attendre avec son garde du corps dans cette Cadillac immaculée. Spectacle incroyable et visites inoubliables de ce grand homme.

Les broussards descendent en ville

Isolés sur notre colline nous ressentions régulièrement le besoin de nous ressourcer, de nous retremper dans la civilisation, de voir du monde, d'aller au restaurant, et de savourer les joies de la plage ou de la piscine. Nous avions donc pris la décision de descendre à Bujumbura le dimanche aussi souvent que possible afin d'y passer la journée. Nous faisions le parcours dans notre Ford américaine de 1956 que j'avais fait venir de Belgique peu de temps après notre arrivée au Burundi. C'était un choix un peu fou, mais il faut parfois un brin de folie dans la vie, car ce véhicule n'était pas spécialement adapté aux petites pistes qui menaient à la plantation ni surtout aux conditions routières délicates en saison de pluie. Notre chien nous accompagnait systématiquement et partageait la banquette arrière avec Eric qui voyageait dans son très rustique lit en paille. En effet, broussards que nous étions, nous n'avions rien de bien sophistiqué pour le transporter et il n'a donc jamais connu les joies et le confort de la poussette. Nous allions généralement au club de l'Entente Sportive afin de bénéficier de la piscine et arrivions dans cette imposante voiture bleue azur qui ne passait pas inaperçue avec un enfant dans un étrange berceau en paille et un imposant chien. Personne ne nous connaissait et nous ne connaissions personne. Plus tard, lorsque nous avons eu l'opportunité de faire quelques connaissances les langues se sont déliées et nous avons pris beaucoup de plaisir à entendre ce que les citadins de Bujumbura, n'ayant souvent pas beaucoup de sujets de conversation si ce n'est les quand commérages et ragots divers surtout sur la vie d'autrui, pensaient de nous. On nous a raconté que beaucoup de personnes se demandaient d'où venait ce couple étrange, voyageant dans une voiture peu courante, avec un gros chien, ne pouvant pas se payer une poussette comme tout le monde mais utilisant une lit de paille comme les africains ! De plus, j'ai entendu dire que le père semblait un peu inconscient car il faisait sauter son fils de quelques mois dans la partie profonde de la piscine alors qu'il ne savait pas encore marcher et il devait se débrouiller tout seul pour regagner le bord. Plus tard, sa sœur subira d'ailleurs le même entrainement pour apprendre à nager ! Enfin, cet étrange couple après avoir déjeuné à la terrasse du club avec ce misérable lit de paille posé sur une chaise et ce chien fort mal éduqué et mendiant à table, repartait comme il était venu vers une destination inconnue ! Voilà ce qu'était Bujumbura et ses ragots et quand dira t'on !

Entente Sportive

Eric et son lit en paille

Notre Ford

Notre Ford

Notre déménagement

Après 18 mois passés dans notre gîte, les maisons construites sur les lieux de la plantation étaient finalement prêtes à nous accueillir. Quel contraste avec notre gîte. Nous disposions enfin d'une salle de séjour, de deux chambres à coucher et d'une salle de bain relativement correcte alimentée en eau chaude et froide provenant d'un grand fût d'essence recyclé en citerne et raccordé à la tuyauterie en attendant que le château d'eau ne soit construit. La plomberie africaine est sans doute rudimentaire mais néanmoins efficace. Tout comme dans notre gîte, la citerne était régulièrement remplie avec l'eau qu'il fallait aller chercher à la rivière. Nous disposions enfin d'un nouveau groupe électrogène qui fonctionnait une grande partie de la journée et délivrait une tension finalement stable. La gestation de cette maison fût longue mais le plaisir d'y vivre et de vivre en brousse avec une touche de modernité ne fût que plus grand.

Notre maison

L'alimentation en eau

L'embuscade

Tous les mois, Nadine et moi descendions à Bujumbura pour faire notre ravitaillement et pour prendre l'argent à la Banque afin de payer les travailleurs. Je descendais avec une malle en fer car le volume de billets était conséquent vu que j'avais besoin de petites coupures. Le montant total que je prélevais à la Banque était bien entendu important puisque nous avions régulièrement 2 000 travailleurs inscrits sur les feuilles de paie. Après avoir fait la plupart de nos courses, je prélevais l'argent au début de l'après midi, plaçais la malle dans le coffre de la voiture, puis nous faisions les derniers achats des denrées périssables. Le soir nous allions généralement au restaurant avant de remonter en brousse longtemps après que la nuit soit tombée. Souvent nous rencontrions près de Bugarama des nappes de brouillards si denses que la visibilité était réduite à quelques mètres et que le seul point de repère était la ligne centrale de la route. Le risque d'accidents était élevé car je devais suivre cette ligne centrale pendant plusieurs kilomètres. Heureusement la présence de véhicules à ces heures tardives était rarissime. En dehors du danger causé par le brouillard, il ne m'était jamais venu à l'esprit ni à celui des mes employeurs que remonter en brousse en pleine nuit avec une somme d'argent considérable était une opération risquée. En fait, nous aurions pu facilement être la cible d'attaques en forêt par des bandes armées. En effet tous les travailleurs et le personnel de la plantation étaient bien entendu au courant de l'objectif de ces descentes mensuelles en ville et il aurait été facile pour certains d'entre eux de fomenter une attaque. Tout s'est déroulé normalement pendant 20 mois puis un soir ce faillit être le drame. Il était environ minuit quand, après avoir quitté la route principale, nous avons emprunté la petite route d'accès tortueuse menant à la plantation. Je roulais doucement car la piste noyée par des trombes d'eau était fort glissante. Soudain, à la sortie d'un tournant dont l'image est inscrite pour toujours dans ma mémoire, j'ai aperçu dans mes phares deux troncs d'arbre en travers de la route. Il était clair que j'étais attendu et mon attente n'a d'ailleurs pas longue car soudain j'ai aperçu à quelques dizaines de mètres du véhicule une poignée d'hommes armés de machettes s'apprêtant à descendre du talus surplombant la route Les évènements se corsaient mais la chance était cependant de mon côté. En effet, l'endroit pour bloquer un véhicule avait été fort mal choisi car le tournant était relativement large ce qui permettait de faire éventuellement demi-tour si le temps le permettait. Le tout s'est joué en quelques secondes. Je me suis dirigé vers ma gauche en direction du talus et des assaillants, ce qui les a surpris de toute évidence, ai stoppé brusquement le véhicule, puis j'ai fait une rapide marche arrière et suis repartis dans l'autre sens. Nous l'avions échappé belle et je n'ose penser au sort qui nous aurait été réservé si cette embuscade avait pu se concrétiser. J'ai repris la route principale puis, après quelques kilomètres, j'ai emprunté une piste forestière que nous avons parcouru pendant environ quinze kilomètres à travers un boisement d'eucalyptus, avant de rejoindre l'autre côté de la plantation. Ensuite je me suis dirigé vers mon bureau pour placer l'argent dans la coffre fort Cette tentative de détournements de fonds aurait du alerter ma direction sur les dangers potentiels que représentait ces transports de fonds de nuit et sans arme. Il n'en n'a rien été car il était parait-il difficile d'obtenir un permis de port d'arme. Quant à m'accorder une journée spécifique pour chercher l'argent et remonter de jour, il n'en était pas question. Avec le recul, ma conclusion est claire. Les risques potentiels encourus par les expatriés vivant en brousse ne préoccupaient guère ceux qui vivaient à Bujumbura et j'ai eu la confirmation plus tard de cette rigidité bornée de ma direction lors d'autres évènements qui se déroulés à Teza. Il était évident que le travail primait sur toute autre considération car le respect des objectifs assignés par les financiers était absolument primordial.

Le Mariage de mon ami burundais

Juillet 1965. Lors de mes études à la Faculté de Gembloux, je m'étais lié d'amitié avec un étudiant burundais qui avait entamé ses études universitaires deux ans après moi. Fils d'une famille aisée dont le père avait occupé diverses fonctions ministérielles, mon ami Alexis a terminé ses études en juin 1965 et est revenu au pays pour se marier. Ma surprise a été grande quand il a demandé à Nadine d'être dame d'honneur à son mariage. Les préparatifs ont été grandioses et Nadine a été revêtue du traditionnel pagne multi-couleurs. La cérémonie de mariage s'est déroulée dans la demeure du marié située sur une des collines surplombant Bujumbura. Nous avons eu ainsi le privilège et l'opportunité d'apprécier intensément les traditions de cette cérémonie de mariage où la nourriture et les boissons constituent une activité principale. Les diverses préparations de tubercules incluant le manioc, l'igname, la colocase, la pomme de terre, et la patate douce, mais aussi de plantain et de haricots agrémentaient le poisson, la chèvre et la poule. Nous nous passions aussi de l'un à l'autre une calebasse contenant cette délicieuse bière de banane que nous buvions à l'aide d'une longue paille de sorgho. La cérémonie était relevée par une prestation inoubliable des danseurs *intore* vêtus de peau de léopard qui célébraient leurs exploits guerriers par leurs danses en mimant les combats qu'ils avaient remportés. Le spectacle ne serait pas complet sans la participation riche en couleurs des tambourinaires ou récits de légendes et hommages et les pirouettes se succédaient selon l'inspiration de chacun.

Nadine dame d'honneur

Nadine et le futur marié

La calebasse

Les festivals religieux

J'ai aussi eu l'opportunité en rencontrant des chefs religieux d'obtenir leur accord pour pouvoir assister à deux très importants et magnifiques festivals religieux qui faisaient partie de la culture traditionnelle du Burundi. Le premier, *kubandwa*, célébrait la récolte du grain et rendait hommage à Kiranga, un esprit qui est celui de tous les ancêtres morts. Au cours de cette cérémonie basée sur la possession de l'esprit et animée par des expressions corporelles, les jeunes hommes peignaient leurs corps, et dansaient et chantaient des chansons traditionnelles. Un de ces hommes représentait Kiranga. À la fin de la cérémonie, tous les participants suivaient un rituel très particulier et allaient se baigner dans une rivière afin d'être purifiés[8]. L'autre cérémonie était celle de la fertilité appelée *umuganuro* ou festival du sorgho, cérémonie accompagnée du battement des tambours et de danses et au cours

[8] Le film *Le rite du Kubandwa dévoilé* d'une portée historique et culturelle a été produit en 2010 grâce à la collaboration du Fond des Ambassadeurs pour la Préservation de la Culture géré par les Ambassades Américaines à l'Étranger et soutenu par le Bureau de l'Éducation et des Affaires Culturelles au Département d'État, de Nduwamahoro (People of Peace), de l'Expert Culturel du documentaire Abbé Adrien Ntabona, et de son Directeur Léonce Ngabo. Ce documentaire constitue une étape très importante dans la préservation du rite et du rituel relatif au culte de Kubandwa, considéré jadis comme étant une force culturelle importante, non seulement au Burundi mais aussi dans la Région des Grands Lacs.

de laquelle une plantule de sorgho est mise en terre afin d'assurer une bonne récolte. Cette magnifique cérémonie organisée du temps de la Royauté a malheureusement été abolie par le première République en 1966 car cette dernière souhaitait briser le rythme royal et prôner ses propres valeurs.

V – UNE LONGUE ESCAPADE

Notre voyage en Afrique de l'Est

Selon mon contrat nous avions droit à un retour payé en Europe tous les deux ans et, en novembre 1965, nous aurions pu bénéficier de ce congé tant attendu. . Nous avons cependant décidé d'attendre le printemps 1966 pour faire ce voyage et d'utiliser notre congé local pour réaliser notre premier grand voyage en Afrique de L'Est. Il fallait cependant attendre qu'Eric se décide à marcher. En effet bien qu'ayant 16 mois, il se complaisait toujours dans sa marche à quatre pattes et ne manifestait aucun signe de redressement prochain au grand désespoir de ses parents. Et dire qu'il nageait déjà parfaitement depuis plusieurs mois mais ses talents de nageur ne nous auraient malheureusement été d'aucune utilité pour notre voyage. Puis ce fût le miracle. Une amie nous prêta un trotteur et une semaine après Eric marchait ! Sans plus attendre, nous avons finalisé nos plans de voyage qui prévoyait de traverser le Rwanda, l'Ouganda, le Kenya et la Tanzanie avec visite de plusieurs parcs nationaux. Nous avions prévu de faire un périple de plus de 6 000 kilomètres en une vingtaine de jours avec notre Opel station qui n'était plus toute jeune puisqu'elle avait plus de 100.000 kilomètres à son actif.

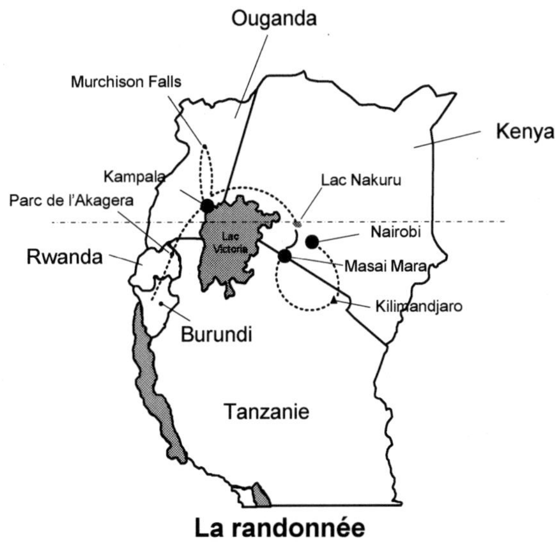

La randonnée

Septembre 1965. Les plans de voyage étant arrêtés, nous avons finalisé les préparatifs administratifs qui nécessitèrent pas moins de quatre visas – tâche qui fut loin d'être une sinécure pour les broussards que nous étions. En effet nous n'avions droit qu'à deux ravitaillements par mois à Bujumbura ce qui nous a obligés à effectuer trois allers-retours additionnels pris sur nos congés pour satisfaire toutes les formalités administratives et médicales. Au bout de cinq semaines, nous avions tous les visas requis et les vaccinations nécessaires. Nous avons ensuite préparé notre matériel que nous avons limité à quelques pièces de rechange pour la voiture, deux jerrycans d'essence car les pompes se feraient rares dès que l'on s'écartait des grands axes ce que nous avions bien l'intention de faire, quelques bidons d'huile, une roue additionnelle de rechange car les crevaisons étaient nombreuses en brousse et en particulier sur les pistes recouvertes de latérite extrêmement coupante et abrasive, une trousse médicale, quelques bouteilles d'eau et enfin l'éternelle pelle indispensable en brousse. Mi-septembre nous avons pris la direction du Rwanda, le « pays des mille collines ».

Comme nous étions toujours en saison sèche, une épaisse couche de poussière nous à accompagné. Elle était partout, couvrant la route, donnant aux feuilles et aux branches des arbres bordant la route des couleurs ocre-jaune et ocre-rouge. Elle pénétrait par la porte arrière de notre véhicule, nous en respirions continuellement. Nous avons franchi sans encombre la frontière de la Kanyaru, rivière séparant le Burundi du Rwanda puis avons pris la direction de Butare, seconde ville du Rwanda, que nous avons atteint après environ une heure de route. Nous y avons rencontré un couple d'amis qui devait nous accompagner avec leur propre véhicule dans notre périple. Ensuite nous avions projeté de faire notre première halte au parc national de l'Akagera distant de Teza d'environ 350 kilomètres.

Parc de l'Akagera

Ce parc couvre environ 1 250 kilomètres² à l'est du Rwanda en bordure de la frontière tanzanienne. Un spectacle grandiose nous y attendait. Le parc est parsemé d'un labyrinthe de marécages, de lacs, de savanes et de forêts qui abritent de nombreux animaux sauvages, incluant notamment des singes, des buffles, des zèbres, des éléphants, des rhinocéros, des antilopes et des lions et, le long des lacs, une des plus grandes concentrations d'oiseaux du continent. Nous y avons passé une nuit et une journée complète puis nous sommes repartis en direction de Kagitumba, poste frontière entre le Rwanda et l'Ouganda.

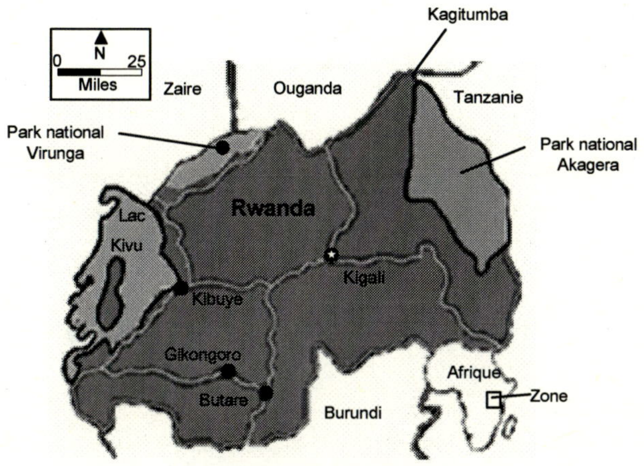

Parc de l'Akagera

Premiers contacts avec l'Ouganda

Au poste-frontière, les formalités d'immigration et de douane ont pris plus de deux heures. Finalement nous sommes entrés en Ouganda où nous avons du nous habituer à la conduite à gauche, héritage de la colonisation anglaise. Mais bien vite, ce changement fut largement compensé par la conduite sur des routes asphaltées. Quel miracle après avoir effectué plusieurs centaines de kilomètres sur des routes défoncées et poussiéreuses ! Nous nous sommes ensuite dirigés vers Kampala, capitale de l'Ouganda, distante du poste-frontière d'environ 280 kilomètres. À mi-parcours, avant de franchir l'équateur peu avant Entebbe, la voiture de nos amis tomba malheureusement en panne. La mort dans l'âme ils ont été obligés de rebrousser chemin et de se faire tirer par un camion jusqu'à Kigali. Nous avons donc poursuivi notre route seuls en direction de Kampala où nous avons logé une nuit avant de nous diriger vers le Parc national des chutes de Murchison.

À l'équateur

Parc national des chutes de Murchison

Apres avoir quitté Kampala, nous avons repris contact avec les routes défoncées que nous avons parcourues pendant une journée avant d'entrer dans le parc national. Ce parc, coupé par le fleuve Nil qui est le plus long du monde[1], tient son nom des impressionnantes chutes de Murchison sur le Nil qui tombent de 43 mètres par une ouverture de sept mètres. Dans ce parc de 3 840 kilomètres^2, le plus grand d'Ouganda, nous avons pu observer un nombre impressionnant d'hippopotames, les uns serrés sur les berges du fleuve, les autres accolés l'un à l'autre

[1] Les mesures varient entre 6 499 kilomètres et 6 700 kilomètres.

dans l'eau. Le spectacle le plus incroyable fut de voir ces colosses de plusieurs tonnes plonger dans l'eau d'une hauteur de trois à quatre mètres tout en évitant de tomber sur le dos d'un des leurs, ce qui était loin d'être évident. Nous avons aussi pu contempler les varans du Nil rêvassant sur les berges du fleuve, les éléphants venant s'abreuver ou prenant leur bain, et enfin, l'un des plus gros sauriens du monde après le crocodile marin d'Australie (*Crocodylus porosus*) : le crocodile du Nil (*Crocodylus niloticus*). Le Lodge où nous avons passé la nuit nous a aussi réservé une surprise de dimension. En effet, alors que nous étions sur la véranda en train de contempler ce paysage féerique, un gigantesque éléphant est venu nous rendre visite et s'est approché à quelques mètres de notre table avant d'aller vider une poubelle qui se trouvait non loin de là. En visitant la savane arborée du parc sur le chemin de retour en direction de Kampala puis du Kenya, nous avons aussi côtoyé un grand nombre de gazelles, des girafes, quelques lions et un nombre impressionnant de buffles qui posaient d'ailleurs un problème sérieux pour l'écosystème car les pâturages étaient sur pâturés et par conséquent fortement dégradés. La visite de ce parc nous laissera à jamais un souvenir inoubliable.

Hippopotames

Eric et les Hippopotames

Un coup de fatigue

Le plongeon

En route vers le Kenya et la Tanzanie

Après être retournés à Kampala, nous avons pris la direction du Kenya et celle de la réserve de Masaï Mara. En chemin nous avons fait une première halte au lac Nakuru qui nous offrit un spectacle naturel unique des quelque deux millions de flamants qui le peuplaient. Puis ce fut la longue randonnée sur des routes poussiéreuses et défoncées par la vallée du grand rift est-africain vers la réserve nationale de Masaï Mara que nous avons atteint en début de soirée après sept heures de routes. Cette vallée est aussi appelée « berceau de l'humanité » car de nombreux fossiles d'hominiens et de nombreux vestiges archéologiques très anciens y ont été découverts. Après une nuit de repos dans un campement, nous avons repris la route et fait la connaissance de ces communautés masaï et leurs troupeaux de bœufs, chèvres et moutons ainsi que leurs ânes qu'ils utilisent pour le transport. Chez les Masaï, peuple nilotique qui a probablement émigré depuis le sud du Soudan vers le 15ème siècle, toute la famille est engagée dans le pastoralisme, les jeunes faisant pâturer les animaux, les femmes s'occupant de les traire et les hommes étant chargés de la clôture de l'*enkang*[2] et de la gestion générale des troupeaux. Dans chaque *enkang* dont le nombre de portes représente le nombre de

[2] Groupe de maisons en cercle, ceint par une clôture formée de branches épineuses. Un ensemble d'*enkang*s forme un village nommé *boma*.

familles qui y vivent, les Masaï vivent dans des maisons ressemblant à des igloos faites d'herbes et de branches assemblés avec de la bouse de vaches. Les animaux vivent regroupés au centre de l'*enkang*. C'est au contact de Masaï que nous avons pu apprécier que l'homme peut parfaitement vivre en symbiose et en paix avec les animaux sauvages. Il y a d'ailleurs un beau proverbe chez les Masaï qui dit que le jour appartient aux hommes et la nuit aux animaux sauvages. Notre période de visite fin septembre correspondait à la grande migration des gnous et des zèbres. Quelle merveille que de contempler dans cette réserve qui appartenait au peuple masaï la migration de ces herbivores mais aussi d'observer les grandes antilopes topis (les plus grandes antilopes du monde), les petites antilopes telles que la gazelle de Thomson, élégante et élancée, et la gazelle de Grant, au regard limpide et d'une beauté exceptionnelle, les girafes, les buffles à proximité des marais et d'autres espèces qui offrent un choix de nourriture abondante aux grands prédateurs que sont les guépards, les lions et les léopards. Ensuite, nous avons fait une longue halte à la rivière Mara où se prélassaient des hippopotames tandis que sur les berges les crocodiles, bouche ouverte et totalement immobiles semblaient inoffensifs. Et pourtant !

Du Masai Mara au Kilimandjaro

Le lendemain, nous avons repris notre route en direction de Moshi dans le nord de la Tanzanie que nous avons atteint après environ 320 kilomètres et une journée entière de route. Puis nous avons poursuivi notre route en direction de la zone qui deviendra le parc national du Kilimandjaro[3]. Nous avons passé deux nuits au pied du volcan qui fait partie d'un ensemble de trois volcans éteints (Shira, Mawenzi, Kibo). Du haut de ses 5 891 mètres[4] le Kibo est un des « rois de l'Afrique ». *Les Neiges du Kilimandjaro*, un des écrits les plus mythiques d'Ernest Hemingway, décrit de manière poignante l'ascension de cette montagne attirante et emblématique. Un film du même nom, avec Gregory Peck et Ava Gardner, a d'ailleurs été tiré de ce roman éblouissant. Le lendemain nous avons pu admirer la calotte glaciaire sommitale confinée au Kibo. Elle est malheureusement en régression attribuée en partie au réchauffement climatique mais aussi et surtout je pense à la

---

[3] Le parc national du Kilimandjaro n'a été crée qu'en 1973.

[4] Réalisées en 2008 par positionnement GPS et gravimétrie.

pression anthropique – l'influence de l'homme exercée sur la nature – et à la déforestation intense qui y est associée et qui a bouleversé le cycle de l'eau et a engendré une baisse des précipitations. Je me souviens d'ailleurs lorsque je suis retourné en Tanzanie en 1977 notamment à Moshi et Arusha dans le cadre d'une mission de développement rural avoir longuement discuté avec des agriculteurs du problème de la régression de la nappe phréatique. J'ai pu constater que dans cette région certains puits d'approvisionnement en eau étaient totalement asséchés tandis que la nappe phréatique d'autres puits avait diminué de 20 à 30 mètres en 20 à 30 ans.

Le Kilimandjaro et ses neiges éternelles

Eric l'explorateur

Le gîte où nous avons séjourné au pied du Kilimandjaro se trouvait à une altitude d'environ 1 200 mètres et était situé à proximité d'une zone de savane formée de nombreuses espèces herbacées de grande taille dépassant souvent trois mètres auxquelles se mélangeaient des acacias et quelques baobabs. Dans des conditions idéales, parvenir au sommet du Kilimandjaro et en revenir prend environs 6 à 10 jours pour des randonneurs normaux. Vu notre horaire de voyage, c'était bien entendu exclu, surtout avec Eric qui marchait à peine. Nous sommes donc restés une journée à vaquer dans la savane admirant le sommet du volcan recouvert de ses neiges éternelles ainsi que les nombreux oiseaux. Nous avons également eu la chance d'apprécier les cases

traditionnelles des chaggas[5] qui sont dépourvues de murs et dont le toit, à base de perches de bois, de branchages d'épineux et de chaume repose directement sur le sol.
Le matin de notre randonnée nous prenions notre petit déjeuner sur la terrasse de notre gîte. Eric était sagement à nos côtés et puis soudain nous l'avons perdu de vue. Nous l'avons appelé maintes fois mais en vain. Nous essayions de regarder autour de nous mais notre champ de vision était limité par la savane extrêmement dense. Ce fut très rapidement l'affolement. Nous avons appelé le personnel du gîte et une immense battue a été organisée. La tension montait, le temps s'écoulait et toujours aucune trace d'Eric. Nous ne parlions plus. S'était-il égaré ? Avait-il eu un accident ? Avait-il été enlevé ? Le facteur temps devenait primordial car un jeune enfant est bien entendu plus vulnérable dans la brousse. Puis au bout d'une heure qui nous paru une éternité, la délivrance. Non loin de la terrasse de notre gîte, nous avons découvert totalement par hasard Eric assis prés d'un acacia, sagement occupé à tourner le pédalier d'un vélo qu'un membre du personnel du gîte avait laissé à cet endroit et ne se souciant bien entendu absolument pas de l'émoi et la frayeur qu'il nous avait occasionné. À tout jamais, notre visite au Kilimandjaro restera associée à la fugue d'Eric. À sa manière il avait exploré les contreforts de ce volcan emblématique.

Du Kilimandjaro à Nairobi

Après nos deux jours de visites fertiles en événements, nous sommes repartis en direction de Nairobi au Kenya via Moshi, Arusha, Mamanga qui est de nos jours la ville frontière entre la Tanzanie et le Kenya. En début de soirée après environ huit heures de route nous sommes arrivés à Nairobi où nous pensions rester deux à trois jours avant de prendre le chemin de retour vers le Burundi. Comme nous étions habitués à notre brousse et à la ville de taille modeste de Bujumbura, Nairobi a été une révélation. Avec ses multitudes d'hôtels, ses grands magasins, ses larges artères et sa circulation intense, Nairobi nous replongeait dans l'atmosphère de la vraie ville que nous avions quittée depuis notre départ de Bruxelles deux ans auparavant. La ville nous manquait et nous en

---

[5] Le peuple Chaga, de langue chagga, est réparti sur les versants sud et est du Kilimandjaro, alors que les Masaï occupent les piémonts nord et ouest de la montage.

avons profité au maximum pendant deux jours sans nous soucier de l'argent dépensé puisque de toute façon je devais passer par la banque avant notre départ pour payer l'hôtel et assurer les frais de notre retour. Le matin de notre départ je me suis donc rendu à la Banque avec mon carnet de chèques pour m'entendre dire qu'il faudrait au minimum cinq à sept jours pour obtenir l'argent que je souhaitais. Il fallait d'abord envoyer un télex, seule méthode de communication rapide à l'époque, à Bruxelles afin de faire transférer l'argent à la Banque de Nairobi. Nous étions bloqués à Nairobi avec très peu d'argent à notre disposition. Pour l'hôtel il n'y avait pas de problèmes car nous avons pu prouver que nous attendions de l'argent ; pour le reste c'était loin d'être évident. En attendant que notre situation se débloque, nous avons donc mangé très simplement pendant plusieurs jours à l'exception d'Eric qui devait avoir une nourriture plus équilibrée. Pas de sortie bien évidemment et ce n'était pourtant pas l'envie qui nous manquait. Tous les jours je me rendais à la Banque plein d'espoir mais sans succès. Finalement le sixième jour la bonne nouvelle est tombée ; l'argent était enfin disponible. Nous avons célébré cette heureuse surprise en allant le soir même dans la meilleure boîte de nuit de Nairobi qui était d'ailleurs considérée à l'époque comme une des meilleures d'Afrique. Tout le mobilier était recouvert de peau de zèbres ce qui nous a fasciné. Après la disette de près d'une semaine, nous n'avons reculé devant aucune dépense et le point culminant de notre soirée fût l'apparition de la fameuse chanteuse sud-africaine Miriam Makeba, l'impératrice de la chanson africaine et un symbole de libre pensée et de tolérance. Sa remarquable chanson *Malaika* qui signifie *anges* en swahili fait encore vibrer nos tympans comme si c'était hier.

Le long chemin du retour

Le lendemain de cette soirée mémorable, nous avons pris le chemin de retour en direction de l'Ouganda puis de la frontière du Rwanda. Nous roulions sans problèmes puis soudain à quelques kilomètres de la frontière Rwandaise la boîte de vitesses commença à émettre un sifflement anormal puis se bloqua en deuxième vitesse. Plus d'huile de toute évidence. Nous avons passé la frontière et le bruit s'intensifiait. À tout moment je m'attendais à ce que la boîte de vitesses casse et que nous soyons obligés d'attendre un camion providentiel pour nous tirer jusqu'au Burundi car il ne fallait pas espérer trouver rapidement une boîte d'occasion. Nous avons cependant poursuivi notre route sans changer de vitesse pendant environ 100 kilomètres qui nous ont paru interminables avant de trouver un petit garage. Le garagiste a placé la voiture sur la fosse pour l'ausculter. À ma grande surprise, la boîte vide de toute huile semblait intacte. Après un plein d'huile nous avons pu repartir. La boîte de vitesses me semblait comme neuve malgré les moments pénibles que les pignons ont du endurer. Le 10 octobre 1965 après 20 jours d'un voyage mémorable et plus de 6 500 kilomètres nous sommes arrivés à la frontière du Burundi. Trois heures plus tard nous étions de retour chez nous à Teza. Nous avons retrouvé notre chien gardé par des amis et avons repris un rythme de vie plus modéré. Et pourtant les évènements qui nous avaient souris pendant ce périple inoubliable changèrent brutalement et de manière totalement inattendue une semaine après notre retour.

VI – LE COUP D'ÉTAT D'OCTOBRE 1965

Les prémices du coup d'État

Mai 1965. Au cours de ce mois se sont tenues les premières élections qui ont suivi l'indépendance. Rien de surprenant à ce que les Hutus, largement majoritaires, remportent une victoire écrasante et totalisent 23 sièges au parlement sur les 33 disponibles. Cependant en septembre 1965, le Mwami a décidé de nommer un des ses amis tutsi, M. Biha, comme Premier ministre à la place d'un ministre hutu. Les Hutus, furieux de la décision du Mwami, ont déclenché un coup d'État la nuit du 18 octobre 1965. Ce coup d'État réalisé par une fraction hutue de l'armée, des officiers de la gendarmerie et des civils a commencé à Bujumbura puis, selon une stratégie préétablie, s'est propagé le lendemain dans la province de Muramvya et plus particulièrement chez nous à Teza.

Le coup d'État à Bujumbura

18 octobre 1965. Au cours de la nuit un groupe de mutins hutus, commandé par le Secrétaire d'État à la Gendarmerie, Antoine Serukwavu, s'est emparé du palais royal et a tenté d'assassiner le Mwami. Suite à une erreur des rebelles qui s'affrontèrent les uns les autres, le Mwami a pu quitter le palais par la porte arrière et a ainsi eu la vie sauve. Les mutins se sont ensuite dirigés vers la résidence de M. Biha, le Premier ministre. Ce dernier a été criblé de balles et abandonné pour mort dans son jardin. Le lendemain on le retrouva agonisant. Il a été transporté à l'hôpital Rwagasore puis en Europe où il a été miraculeusement sauvé. Les mutins ont ensuite gagné la caserne située près de l'Athénée royal pour s'emparer des munitions. Pendant ce temps, les troupes loyalistes s'organisaient tant à Bujumbura sous la conduite du capitaine et futur Président Michel Micombéro qu'à Gitega sous la conduite du commandant Paul Rusiga. Ce dernier a fait route avec ses troupes vers Bujumbura où il est arrivé à l'aube du 19 Octobre. Vers 10 heures du matin la mutinerie s'est terminée à Bujumbura et la plupart des mutins ont été abattus.

Le massacre des Tutsis à Teza

19 Octobre 1965. Ce jour s'annonçait pluvieux tout comme la veille et je m'en réjouissais car ce temps était favorable à la mise en terre des jeunes plants de thé. En effet la petite saison des pluies avait débuté avec quelques retards qui n'ont pas été sans conséquences sur les travaux préparatoires à la plantation des théiers. Il fallait donc multiplier les efforts pour atteindre nos objectifs de 100 hectares plantés au cours de l'année et engager de la main d'œuvre supplémentaire. Nous disposions de 1 800 travailleurs et mes calculs prévisionnels démontraient la nécessité d'engager d'ici la fin octobre au minimum 300 travailleurs additionnels. Je suis levé comme d'habitude à l'aube, à six heures du matin, et pris une douche rapide mais pas très chaude car le bois utilisé pour chauffer notre citerne d'eau était humide. De plus comme souvent en saison des pluies, la cheminée refoulait et la salle de bain se trouvait très rapidement enfumée. Très motivant pour en sortir rapidement ! J'ai ensuite pris ma jeep et après un rapide détour par mon bureau situé en contrebas de la maison, je me suis dirigé vers la colline de Nyamenda distante d'environ quatre kilomètres où se trouvait l'un des trois points d'appels des travailleurs de la plantation. 700 travailleurs environ s'y trouvaient répartis en 20 équipes. L'appel a débuté à sept heures et se déroulait normalement. Au bout de 20 minutes, tandis que les travailleurs se dirigeaient à pied ou en tracteur vers leur point de travail respectif, j'ai repris le chemin de mon bureau.

L'usine à l'avant-plan et les trois maisons

Avant d'y accéder, j'ai contemplé le flanc de la colline récemment plantée en araucaria, un magnifique conifère importé du Brésil. Pas de bruit, tout était calme. Puis mon attention a brusquement été attirée par un mouvement insolite en bas de la colline encore noyée dans le brouillard matinal. Intrigué, j'ai regardé plus attentivement et j'ai pu rapidement distinguer une colonne composée d'environ 100 hommes vêtus tout de blanc qui montait silencieusement vers l'usine. Étrange, me dis-je que cette colonne qui se dirige vers l'usine ; étrange aussi cette couleur vestimentaire inhabituelle. Je suis resté sur place interloqué et pensif. Cinq minutes se sont écoulées puis j'ai aperçu mon magasinier, Nestor, en tête de cette colonne d'hommes tous armés de machettes, de lances, de gourdins et de morceaux de fer à pointe acérée. Au sein de cette colonne constituée essentiellement d'Hutus, j'ai cependant aperçu quelques pygmées dont je compris la présence et le rôle plus tard dans la matinée. En effet, les pygmées qui travaillaient dans la plantation et qui étaient tous affectés aux tâches de fabrication d'outils, tâches qu'ils maîtrisaient de manière remarquable, ne se mélangeaient jamais aux deux autres ethnies qui n'avaient d'ailleurs aucune considération pour eux.

J'ai hélé mon magasinier et lui ai demandé ce qu'il venait faire à la tête de ces hommes. « Vous allez voir » a été sa réponse. « Voir quoi » lui demandais-je ? « Puisque vous insistez, je vous informe qu'il a eu hier soir un coup d'état contre le gouvernement tutsi et le

Mwami à Bujumbura. Mon oncle qui était à la tête de ce coup d'état m'a demandé d'en assurer le relais à l'intérieur du pays. À la tête de mes hommes nous allons donc passer à l'offensive et éliminer tout votre personnel tutsi qui habite dans le camp de l'autre côté de l'usine[1] puis nous irons tuer votre agronome tutsi qui habite à coté de chez vous. » Je ne pouvais croire qu'une telle barbarie humaine allait se matérialiser et que des hommes allaient de sang-froid tuer d'autres hommes comme des bêtes sauvages. Je suis resté interloqué, révolté, puis, ne pouvant rien faire devant cette colonne d'hommes surexcités, j'ai décidé de rentrer dans mon bureau afin d'établir comme tous les matins à 7 h 30 le contact radio avec la direction de l'ISABU à Bujumbura. Je me suis assis, ai tourné le bouton de la radio et je m'apprêtais à lancer le signal habituel : « allo Bujumbura, allo Bujumbura, ici Nyabigondo[2] qui appelle ». À ce moment précis Nestor est rentré dans mon bureau et me dit calmement et poliment : « Patron, si vous n'éteignez pas la radio immédiatement, je serai obligé de vous tuer ! » Pour la première fois de ma vie j'ai vu la mort en face et elle me dit « éteins la radio » ce que j'ai fait. J'étais dans un état second mais assez curieusement jamais je n'ai ressenti de peur à la vue de cette colonne d'hommes, ou pendant la menace de mort de mon magasinier ou même au cours des moments horribles qui ont suivi. J'ai cependant pris la décision d'essayer de partir de la plantation avec ma famille car je pensais que cette épuration ethnique qui se préparait pourrait très bien dégénérer et que nos vies soient menacées. En effet, les récents évènements au Congo voisin, ou viols, pillages et massacres des blancs n'avaient été que trop fréquents, illustraient bien le danger potentiel de se trouver seuls blancs au sein de cette insurrection barbare. J'ai par conséquent demandé à Nestor qui était responsable du dépôt de carburant de me donner un jerrycan de 20 litres d'essence. Il m'a répondu que c'était inutile car les trois ponts permettant l'accès de la colline qui était entourée par une rivière avaient été coupés par ses hommes et qu'il me serait par conséquent impossible de partir.

Les mutins avaient en effet coupé les ponts afin d'éviter d'être surpris par l'armée en cas de contre-attaque. Nous étions bloqués. J'ai gardé mon sang-froid et l'ai néanmoins sommé de m'apporter le jerrycan en question. Restant très respectueux à mon égard, il

[1] Ce personnel incluait notamment secrétaires, dactylos et techniciens agronomes.

[2] Nyabigondo fût le nom original de la plantation avant d'être remplacé par Teza, la plus haute colline de la plantation dont le pic s'élève à 2 645 mètres.

m'a froidement répondu qu'il me l'apporterait quand ses hommes et lui traverseraient notre jardin pour aller tuer mon collègue agronome tutsi. Quelle sinistre réponse ! Je vivais un cauchemar ! Je suis rentré à la maison et ai expliqué à Nadine qu'il y avait de sérieux ennuis dans la plantation sans cependant rentrer dans des détails trop spécifiques. Pourtant il m'a été impossible de cacher la vérité plus longtemps quand des pleurs, des râles et des cris inhumains, se sont progressivement fait entendre. Le massacre sauvage des Tutsis avait commencé dans le camp. Il a duré près d'une heure puis le bruit s'est estompé avant de cesser totalement.

Nous ne savions que faire et fuir semblait impossible. Nous devions attendre, attendre, attendre la mort peut-être. Et nous ne possédions aucune arme pour nous défendre si ce n'est mon fusil de chasse sous-marine à air comprimé. Bien sûr ce fusil qui projetait un harpon muni d'une pointe acérée était capable de transpercer un homme mais c'était néanmoins une arme dérisoire face à une centaine d'hommes armés de lances et machettes. Les minutes s'écoulaient mais ni Nadine ni moi ne perdions apparemment notre sang-froid. Avions-nous peur ou non ? Je n'avais pas de réponse car les événements qui venaient de commencer et dont nous ne soupçonnions pas encore l'amplitude nous apparaissaient tellement irréels.

Puis, soudainement, les bruits ont recommencé. J'ai regardé au travers de la porte vitrée de notre maison et ai aperçu la colonne d'hommes dirigée par mon magasinier, se diriger en chantant dans un état d'excitation extrême vers l'entrée de notre garage. Curieusement, à la tête de cette colonne se trouvaient les pygmées brandissant de manière menaçante leurs arcs, flèches et machettes. Ils semblaient ensorcelés. J'appris plus tard qu'ils étaient drogués au chanvre. À ce moment précis, j'ai pensé que tout était perdu, que nous allions mourir, mourir d'une mort violente sur cette lointaine colline perdue dans la forêt. Je pensais à ma petite famille avant tout, à Nadine qui m'avait suivi au bout du monde et avait tout quitté et à Eric qui commençait à peine à découvrir le monde. Je me sentais coupable. Puis ma trop courte vie a rapidement défilé devant mes yeux, avec ses bons et moins bons moments. Allait-elle prendre fin brusquement sur cette colline perdue dans cette forêt secondaire ? Allions-nous subir le sort que de trop nombreux européens ont subi lors de l'indépendance du Congo voisin et au cours des années qui ont suivi cette indépendance ? Puis, alors que j'étais perdu dans mes pensées sombres, j'ai aperçu mon magasinier qui tenait dans sa main le jerrycan que je lui avais demandé. Je croyais rêver car je ne pensais pas que le respect pouvait encore exister dans un climat d'une telle violence, d'une telle haine. Et pourtant, il me l'a tendu puis m'a dit calmement mais cyniquement qu'ils avaient tué tout les Tutsis dans les maisons du camp, et qu'ils allaient maintenant tuer mon agronome dans la maison voisine. Je pensais que c'était un mauvais rêve et pourtant j'avais en face de moi une bande d'assassins prêts à continuer leur ignoble besogne, prêts à continuer leur génocide. Quel étrange comportement caractérisait mon magasinier, cet homme à deux visages se voulant respectueux d'un coté et criminel de l'autre. Les rebelles sont passés devant notre fenêtre en vociférant et criant mais ne se sont point arrêtés. Ils se sont frayés à la machette un chemin au travers de la haie de cyprès séparant les deux maisons puis se sont dirigés vers celle de mon agronome. La mort n'avait pour l'instant fait que roder autour de notre petite famille. Ce n'était pas encore notre tour. Le bruit s'est soudain arrêté. Puis, soudain, il s'est amplifié. Au rythme saccadé des chants, s'est ajouté le bruit des pierres lancées par les assaillants sur le toit en tôle, sur la porte d'entrée et les fenêtres de la maison. L'excitation montait, le bruit s'amplifiait, puis, au bout d'une demi-heure, nouveau silence. L'inquiétude montait dans notre petite famille. Et maintenant ? Rien, les minutes se sont égrainées lentement, les unes après les autres. Une heure s'était écoulée et toujours ce silence pesant. Même les oiseaux avaient arrêté de chanter. Dehors, personne en vue. J'ai ouvert la porte de la maison et ai tendu l'oreille. Un beuglement effrayant, lugubre et plaintif me parvenait. Un beuglement provenant de toutes les collines nous entourant. Je ne comprenais pas son origine et ne compris que plus tard. Les Hutus dans leur folie meurtrière se déplaçaient de colline en colline à la recherche de Tutsis pour les massacrer, brulaient leurs huttes et coupaient les jarrets de leurs vaches qui étaient la seule richesse des Tutsis. Bruits atroces suivis d'une lente agonie de ces animaux mourant exsangues.

J'ai fait quelques pas dans notre jardin et me suis hasardé vers la maison de mon agronome. Rien en vue. J'ai traversé la haie de cyprès en suivant le chemin pris par cette colonne d'hommes déchainés. Et puis j'ai découvert l'horreur. Sur le pas de sa porte gisait dans une marre de sang qui coulait comme un fleuve rougeâtre mon fidèle agronome. Tête éclatée, corps déchiqueté à coup de machettes et de lances. Spectacle atroce inoubliable qui m'a marqué pendant de longues années et dont le souvenir est à jamais indélébile. J'étais devenu adulte avant l'âge. À l'intérieur de la maison dont la porte était fermée, j'entendais des pleurs. J'ai frappé mais personne n'est venu. Les portes menant aux chambres demeuraient closes. J'ai appris plus tard dans la journée que mon agronome, qui vivait dans la maison avec sa femme et ses six enfants, avait décidé au bout d'une demi-heure de jets de pierres, de sortir de la maison afin de préserver sa famille. Il a été sauvagement assassiné mais sa femme et ses enfants bien que Tutsis ont été épargnés. Mon agronome est mort tout comme les Tutsis du camp sans que l'on puisse les accuser d'aucune autre faute si ce n'est d'être né Tutsis. C'est à ce moment que ma vision de la vie a changé et que j'ai compris que nous vivons souvent dans l'illusion alors que la réalité est tout autre. Je suis retourné à la maison et, sans rien raconter à Nadine pour ne point l'apeurer, j'ai été m'étendre sur mon lit. Mes nerfs lâchaient et je me suis endormi. Vers midi, j'ai émergé de mon sommeil agité. Le bruit des malheureuses vaches mortes probablement exsangues s'était tu et un silence pesant régnait. Nous ne savions quoi faire. Partir en jeep mais comment traverser la rivière ? À pied ? C'était de l'hérésie car nous serions sans défense aucune si nous étions attaqués. Les heures passaient et la situation n'évoluait guère. Nous étions bloqués à la merci de ces assassins, de ces génocidaires.

L'entrée du garage de triste mémoire

Vers 17 heures, le silence a fait place à un bruit de voix s'approchant de la maison. Je suis sorti de la maison et ai reconnu le commissaire de Muramvya accompagné d'une dizaine de militaires armés. Ils avaient laissé leur véhicule devant un des ponts coupés et avaient parcourus à pied la distance les séparant des habitations. Il me dit que les rebelles hutus, leur forfait accompli à Teza et dans les collines avoisinantes, s'étaient dirigés vers Muramvya, berceau de la monarchie, dans l'espoir de prendre cette ville. L'armée les avait heureusement arrêtés à proximité de Muramvya. Ensuite, mis au courant de ce qui s'était passé à Teza, il avait décidé d'envoyer un groupe d'hommes pour nous secourir. Ce fût la délivrance. Délivrance partielle cependant. Effectivement, ils ont emmené avec eux femmes et enfants dont la femme de mon agronome, ses 6 enfants, Nadine et Eric. Quant à moi, il n'y avait pas de place dans le véhicule qui attendait en bas de la colline ! Le commissaire me dit qu'il regrettait de devoir nous laisser moi et Johny sur place temporairement mais qu'il reviendrait d'ici une à deux heures pour nous chercher. Je donc quitté Nadine dont le comportement tout au long de cette épreuve a été extraordinaire. En effet, elle n'a jamais montré de signes d'affolements, de signes de détresse même lors de cette séparation. Quelle maîtrise de soi face à des circonstances extrêmes !

Le petit groupe s'est ensuite dirigé vers le bas de la colline et je suis resté seul avec Johnny. Le doute m'a soudain pris. Reverrais-je Nadine et Eric ? Les minutes se sont écoulées et, vers 18 heures comme c'est le cas près des tropiques, les ténèbres ont progressivement enveloppé la plantation lui donnant un aspect particulièrement lugubre en ce jour de deuil. La pluie tombait comme si les cieux versaient des larmes sur tous ces morts inutiles. Que faire ? Devais-je attendre le commissaire ou essayer de partir ? J'ai opté d'attendre pendant deux à trois heures puis de partir à pied ou en voiture car je craignais que les assassins de mon personnel tutsi et de mon agronome qui avaient été repoussés par l'armée ne reviennent dans la plantation. Dans mon cerveau, les idées sombres défilaient. Je savais bien entendu que ma vie ne tenait qu'à un fil. Je pensais en effet que les Hutus et les Batwas qui nous avaient épargnés le matin ne continueraient pas nécessairement de la faire après avoir été repoussés par l'armée. J'étais un témoin bien trop gênant qu'il vaudrait mieux faire disparaître. Quant aux pygmées drogués, il valait mieux ne pas se trouver sur leurs chemins. Puis, tout-à-coup j'ai perçu un râle provenant de ma jeep que j'avais laissée sur la route bordant la maison. Je me suis dirigé vers mon véhicule et ai constaté avec horreur que mon chauffeur tutsi était venu s'installer au volant et agonisait avec une flèche dans le ventre. Ses intestins sortaient de l'horrible blessure et il respirait faiblement. Je ne pouvais rien faire pour lui et il est mort peu après dans d'horribles souffrances et râles. J'ai retirai son corps sans vie de la jeep et l'ai étendu sur le bord de la route puis je suis rentré à la maison.

Un pari risqué

Aux environs de 18 h 30 j'ai pris la décision de ne pas rester dans la maison par crainte d'être surpris par les rebelles. Avec Johny je suis sorti, ai parcouru quelques mètres pour aller me cacher dans le caniveau bordant la route. De cet endroit je pouvais mieux observer les mouvements éventuels. Je tenais mon chien prêt de moi de manière à essayer de l'empêcher d'aboyer ou de grogner au moindre bruit car c'était un gardien de rêve. J'ai attendu ainsi jusqu'aux environs de 20 heures. Toujours pas de commissaire. J'étais bel et bien abandonné à moi-même. Que faire ? Essayer de partir avec ma jeep en sachant que les ponts étaient coupés ? Et même si je parvenais à passer, que me réservait un parcours de nuit parmi les huttes qui brulaient et des rencontres possibles avec des rebelles drogués, voir avec l'armée qui de nuit n'aurait probablement pas hésité à tirer sur un véhicule. Partir n'était pas sans risques mais rester n'était pas nécessairement une meilleure option. Partir seul, c'était bien évidemment de l'utopie. J'ai donc décidé de sortir de ma cachette et me suis rendu aux abords de l'usine toute proche afin de voir si je pouvais trouver de l'aide parmi les survivants éventuels du massacre. J'ai prudemment fait les 50 mètres me séparant de l'usine et de prime abord n'ai rien vu. Le silence total régnait. J'ai continué ma progression en direction du camp et j'y ai découvert l'horreur, une horreur sans nom. La mort m'infligeait les spectacles horribles de ses exploits. Corps ensanglantés, cranes fracassés à coup de machettes. Leur seul crime était d'être né Tutsis. Un héritage socioculturel commun était devenu un délit punit par la peine de mort sans jugement. Leurs familles avaient cependant été épargnées. Jamais je n'avais été le témoin d'un tel déchaînement de violence. Comment des agriculteurs pacifiques ont-ils pu se transformer en des meurtriers impitoyables ? Dans la nuit, je suis retourné lentement en direction de l'usine puis soudainement s'est dressé devant moi un groupe d'une vingtaine d'hommes armés des mêmes lances, machettes et gourdins que j'avais vus le matin. Mon magasinier en faisait partie. Ma dernière heure était-elle venue ? Allaient-ils me tuer ? Je ne savais que penser. Cependant, sans perdre mon sang froid, j'ai commencé à dialoguer avec ces mutins qui m'ont confirmé qu'ils avaient été stoppés par l'armée aux abords de Muramvya. Que dire à cette bande d'assassins ! Je n'avais pas d'autre choix que de leurs dévoiler mon intention de partir de la plantation et de leur demander s'ils voulaient m'accompagner car j'avais besoin d'assistance pour éventuellement essayer de réparer un des ponts. C'était bien sûr une arme à double tranchant car j'étais le seul témoin du massacre et ils auraient pu m'empêcher de partir et éliminer ce témoin gênant. Ils ont cependant réagit de manière assez inattendue en me répétant que les trois ponts étaient coupées et donc infranchissables et que de tout manière ils ne m'accompagneraient pas si je tentais quelque chose. En effet, même en supposant que nous réussissions à franchir ce premier pont, un second pont menant à la route principale était aussi coupé. Il fallait donc nécessairement passer par la piste forestière, seule option nous permettant d'éviter le second pont, et parcourir environ dix kilomètres dans la forêt d'eucalyptus pour pouvoir rejoindre la route principale. Ils m'ont dit qu'ils ne voulaient pas m'accompagner car le risque était trop grand de rencontrer sur notre chemin des pygmées drogués qui n'hésiteraient pas à tuer. J'ai appris par la suite que les pygmées étaient payés l'équivalent d'un dollar américain soit le double du salaire journalier d'un travailleur pour tuer un Tutsi. Pas de fuite donc avec les assassins de mon agronome et de tout le personnel administratif tutsi de la plantation.

Je m'apprêtais à retourner vers ma maison quand un groupe de dix congolais qui travaillaient pour la plupart comme mécaniciens au sein de la plantation mais qui n'entretenaient que des relations de travail avec leurs collègues tutsis et hutus, s'est approché de moi. Je leurs ai expliqué mes intentions et sans un moment d'hésitation ils m'ont proposé de m'accompagner et de m'aider. Je leur ai dit que nous partirions lorsque tout semblerait calme et suis retourné me cacher dans mon caniveau. Vers dix heures du soir j'ai pris ma jeep et suis descendu dans la cour de l'usine où les dix congolais m'ont rejoint. Puis nous sommes partis vers un destin inconnu. La nuit était particulièrement sombre car les étoiles étaient rares en ce début de saison des pluies. Nous avons lentement parcouru tous feux éteints la descente nous menant à la rivière dont la profondeur était d'environ 50 cm. Le pont qui l'enjambait, constitué de troncs de cyprès, long d'environ six mètres et large de quatre, était effectivement complètement coupé et il n'y avait pas d'autres passages possibles. Nous avons travaillé en silence et dans le noir pendant plus de deux heures pour réparer le pont avec quatre moitiés de troncs d'une largeur à peine plus grande que les roues de notre jeep. La traversée était risquée mais je n'avais guère le choix ; il me fallait passer au risque de basculer dans l'eau. Je suis resté seul dans la jeep et me suis lentement engagé dans la descente menant au pont. Mon cœur s'est serré lorsque j'ai placé les roues avant de la jeep sur la partie antérieure des troncs. Le plus difficile restait cependant à faire et j'avais peur que les troncs ne s'écartent lorsque j'y aurais engagé les quatre roues. La marge d'erreur était limitée car je ne pouvais dévier du creux formés par les deux troncs accolés sur le coté gauche séparés des deux troncs placés sur le coté droit par un vide d'environ un mètre cinquante correspondant à la largeur de ma jeep. Finalement la chance a été de mon côté. En effet tout se déroulait parfaitement jusqu' au moment ou les roues avant de la jeep ont quitté les troncs pour s'engager de l'autre côté du pont. La montée était boueuse et glissante et l'avant du véhicule a légèrement dévié de sa trajectoire ce qui a eu pour conséquence de faire glisser une roue arrière dans le vide, l'axe de cette roue reposant sur le tronc, tandis que l'autre reposait sur la partie arrondie du tronc et risquait à tout moment de basculer également. Heureusement, j'avais mis la traction sur les quatre roues et enclenché le réducteur de vitesse ce qui m'a permis de franchir les quelques mètres restant. Tout le monde est remonté dans le véhicule puis, toujours tous feux éteints, nous avons pris la piste traversant l'épaisse forêt d'Eucalyptus. Une demi-heure de tension pour finalement rejoindre la route principale reliant Bujumbura à la frontière du Rwanda. J'ai tourné à gauche pour me diriger vers la commune de Busangana (devenue Bukeye) distante de quinze kilomètres environ. Nous étions seuls dans cette nuit sombre et le trajet me semblait interminable. Je suis finalement arrivé au bazar de la commune de Busangana situé à l'intersection de la route principale et de la piste menant à Muramvya et me suis engagé sur celle-ci. La route était glissante et la brume dense. Finalement j'ai pu apprécier la délivrance toute proche lorsque j'ai aperçu les quelques lumières de la ville de Muramvya. Le cauchemar se terminait lorsque je suis arrivé chez notre ami médecin et ai retrouvé Nadine et Eric. Depuis ce jour funeste, rien n'a plus réussi à me faire peur sauf dans mes rêves. Le lendemain, nous sommes descendus à Bujumbura où nous avons été hébergés pendant trois mois par des amis.

Mes visites quotidiennes à Teza

Vu les conditions d'insécurité qui régnaient à Teza, j'ai demandé à mon employeur s'il était possible d'être affecté ne fut-ce que temporairement dans une autre station ou plantation. Mon employeur s'est montré intransigeant en me disant qu'il n'y avait aucune autre possibilité de travail même temporaire et que je devrais remonter à Teza le plus rapidement possible ou démissionner si je ne souhaitais pas le faire Je n'avais vraiment pas le choix car je devais avant tout assurer le futur de notre famille et ne pas me lancer dans l'inconnu. Après en avoir discuté avec Nadine, nous avons décidé de rester au Burundi tout en explorant les possibilités d'emploi dans un autre pays du tiers-monde. Ayant fait part à mon employeur de ma décision de rester à Teza, j'ai reçu comme directives de remonter incessamment à Teza pour y effectuer des visites quotidiennes de quelques heures pendant une période indéterminée. Dès que la situation le permettrait je devrais reprendre mon poste de manière permanente. La sécurité du personnel semblait bien secondaire par rapport au respect du programme et à la manne financière qui y était liée. Il fallait que ma direction s'efforce de respecter les objectifs prévus par son contrat avec la Communauté européenne et démontrer à cette dernière que tout était mis en œuvre pour reprendre les activités théières au plus vite. Trois jours après notre arrivée à Bujumbura, un collègue et moi, armés chacun d'un pistolet belge FN Herstal 9 mm, sommes remontés en plantation pour y passer quelques heures. Nos visites sont devenues quotidiennes. Nous circulions dans cette plantation vide de toute âme pour vérifier si rien n'avait été volé ou pillé tout en essayant d'analyser si les conditions de sécurité s'amélioraient. Il était cependant utopique de penser que quelques heures de visite et d'inspection quotidiennes auraient pu changer le comportement de ceux qui avaient l'intention de piller les maisons ou de voler le matériel. Quant à l'appréciation des conditions de sécurité, c'était une tâche tout aussi utopique. En effet, qui aurait pu prédire l'épuration ethnique du 25 octobre alors que tout était si calme la veille, et comment définir les critères de sécurité permettant une reprise du travail Cet aller-retour journalier, nous faisant passer de 700 mètres à 2 300 mètres en 35 kilomètres de spirales vertigineuses, puis parcourir environ 20 kilomètres de route défoncée et glissante dura deux mois. Deux mois éreintants du fait de la différence d'altitude pour accéder à la plantation et en redescendre. Deux mois de tension continuelle lorsque nous circulions en plantation. Le guet, toujours le guet pour voir s'il n'y avait pas d'assaillants potentiels, était épuisant pour les nerfs. Nos premières visites furent particulièrement difficiles car de nombreux cadavres, les uns tués à l'arme blanche, les autres par balles, jonchaient la route. Le spectacle était insoutenable, tout comme l'odeur des cadavres putréfiés. L'armée avait fait son travail de nettoyage. Deux semaines après les évènements, la rébellion était écrasée et les autorités avaient semble-t-il la situation bien en main. Des soldats visitaient régulièrement la plantation et avaient installé un mortier sur la plate-forme de l'usine. Ils tiraient à l'aveuglette dans la forêt car des insurgés s'y étaient cachés. Beaucoup de mise en scène et beaucoup de bruit pour quelques coups de mortier tirés par jour. Au bout d'une semaine, les soldats ont quitté Teza et sont rentrés dans leur caserne. Le silence était retombé sur la plantation.

La découverte macabre

Deux semaines après les tragiques évènements, je suis remonté seul à Teza en faisant un détour par la ville de Muramvya. Dix kilomètres avant d'y arriver, j'ai aperçu dans un tournant au pied d'une falaise de nombreux corps. Je me suis arrêté, suis descendu de ma jeep, pour constater avec horreur que tous les corps criblés de balles étaient ceux de mes employés hutus, ces assassins qui avaient fomenté la rébellion dans la plantation. Parmi eux, j'ai également reconnu certains vendeurs de légumes de la source de Kavumu. Leur présence m'interpellait. J'ai appris plus tard que mon agronome qui avait été sauvagement assassiné s'était arrêté à cette source la veille au soir afin d'y acheter des légumes avant de rentrer chez lui. Parmi les vendeurs se trouvaient certains de ses assassins qui avaient été arrêtés puis exécutés sommairement et sans jugement par les forces de l'ordre. J'ai dénombré 35 corps détroussés des maigres biens qu'ils possédaient. L'odeur du cadavre cuit au soleil et déjà recouvert de mouches qui pénètrent sous la peau comme de la poussière me donnait la nausée. Il m'arrive encore maintenant, 47 ans après ces tragiques évènements, de revivre dans un cauchemar qui me réveille en pleine nuit tous ces moments et tragédies dont j'ai été témoin. Souvent je repense à cette colonne d'hommes montant la colline pour perpétrer leurs crimes, au bouton de la radio me permettant de communiquer à Bujumbura et la menace de mort qui y était associée, aux corps ensanglantés des mes collaborateurs et de leurs assassins. C'est pourquoi cette magnifique source de Kavumu restera à jamais figée dans ma mémoire comme étant la source du bien et du mal. Le bien représenté par cette terre nourricière productrice de légumes et fleurs magnifiques ; le mal incarné par ces vendeurs à deux visages, souriants et affables un jour, meurtriers sanguinaires le lendemain. C'est aussi la raison pour laquelle je ne puis dissocier dans mon esprit l'eau si pure et si limpide s'écoulant de cette source de Kavumu de celle que j'ai imaginée teintée de rouge sang ce matin tragique du 25 octobre 1965. Nous verrons plus loin dans ce livre que ces tragiques évènements qui endeuillèrent le Burundi en 1965 ne furent que les prémices annonciatrices de lendemains forts sombres pour ce petit pays.

La prémonition

Un mois après les évènements lors d'une de mes visites quotidiennes de la plantation, je m'apprêtais à quitter la route principale pour prendre sur ma gauche le chemin menant à la plantation. Une vieille femme m'attendait à la bifurcation et me faisait signe de la main de m'arrêter. Intrigué, je me suis arrêté. Elle me dit en kirundi, que je maîtrisais un peu à l'époque, de ne pas me rendre à la plantation car ma vie y serait en danger. Je lui ai demandé de s'expliquer et elle me dit avoir appris que des rebelles m'attendraient près de l'usine pour m'assassiner ! Je suis resté incrédule mais j'ai néanmoins pris la décision de poursuivre ma route car je ne la croyais pas trop. J'ai parcouru les quelques kilomètres me séparant de la colline où se situaient l'usine et les habitations et j'ai garé ma jeep près de ma maison. J'étais inquiet et aux aguets mais pourtant bien décidé de conjurer le sort. Je suis descendu de mon véhicule pour me diriger vers l'usine toute proche. Pas une âme. Pas un bruit. J'étais seul, tout seul dans cette plantation où quelques semaines auparavant, plus de deux mille hommes et femmes travaillaient. Le silence, toujours le silence. J'ai scruté le bas de la colline et les environs mais n'ai rien vu de suspect. J'étais rassuré et me suis dit à cet instant que j'avais bien fait de ne pas écouter cette femme et de continuer ma route. J'ai repris la route, ai parcouru quelques kilomètres en plantation puis je suis retourné à l'usine. Soudain, j'ai à nouveau regardé le bas de la colline et ai aperçu une vingtaine d'hommes montant lentement vers l'usine. Mon sang s'est glacé car cela me rappelait cette colonne d'hommes montant vers l'usine le mois précédant pour y commettre leurs crimes. Il n'y avait pas de doute que l'histoire se répétait et que ces hommes venaient mettre à exécution ce que cette brave femme m'avait dit. Je les ai observés une nouvelle fois pour constater qu'ils étaient armés de machettes et de lances ! Ce n'était sûrement pas pour leur plaisir bien entendu. J'ai couru vers ma jeep et ai repris ma route vers le bas de la colline en espérant que le pont principal était intact. Je m'en suis approché et le rythme de mon cœur s'est soudain accéléré : les troncs avaient été à nouveau déplacés et le pont était infranchissable. Je n'avais pas le choix. Je devais franchir la rivière coûte que coûte en passant sur les côtés du pont. J'ai identifié en quelques secondes un endroit qui me semblait le plus propice pour ce franchissement. Ensuite, j'ai mis la traction sur les quatre roues, ai enclenché le réducteur de vitesse et suis descendu lentement dans la rivière déjà gonflée par les premières pluies. Malgré un demi-mètre d'eau rentrant dans l'habitacle et inondant la partie basse du moteur, ma vaillante jeep, en dépit de quelques toussotements au milieu de la rivière a une nouvelle fois fait ses preuves de véhicule tout-terrain et m'a permis de rejoindre l'autre coté de la berge. J'étais sauvé *in extremis*. Une nouvelle fois la mort n'avait fait que roder autour de moi ! Lors de mon retour à Bujumbura, j'ai informé ma direction de cette tentative d'assassinat. Ils semblaient fort préoccupés par la situation tout en ne modifiant en rien le rythme de visites qui se feraient cependant accompagnés de militaires pendant quelques jours. J'ai par contre été plus discret à l'égard de Nadine comme je l'avais été lors des tragiques évènements. Je suis remonté à Teza le jour suivant accompagné de quelques militaires que j'avais été chercher à Muramvya. Ils m'ont aidé à réparer provisoirement le pont puis sont revenus le lendemain avec une dizaine de prisonniers provenant de la prison de Muramvya afin de réparer le pont de manière définitive. Pendant les jours suivants, ils ont continué à m'accompagner pour assurer ma sécurité. . Mais bien vite ils ont décrété que la situation était redevenue normale et qu'il n'était plus nécessaire de m'accompagner. J'ai donc repris mes visites quotidiennes solitaires.

Un retour progressif à la normale

Mes allers-retours journaliers et presque toujours solitaires ont duré 2 mois et demi, jusqu'à la fin de l'année 1965. À chaque visite, je m'attendais à ce que notre maison soit saccagée et vidée de son contenu comme l'avaient été les deux autres maisons voisines ainsi que les nombreuses maisons vandalisées et pillées à maintes reprises au Congo tout proche. Et pourtant, à l'exception d'un carreau cassé dans la chambre à coucher d'Eric qui a probablement servi d'abri très temporaire à un mutin, rien n'a été dérobé, rien n'a été vandalisé. À ce jour je n'ai qu'une d'explication à ce comportement surprenant car la pauvreté voir l'inimitié de certains travailleurs parmi les deux mille qui étaient embauchés auraient pu justifier le vol ou le vandalisme. Pourtant, si je reconnais avoir été intransigeant sur les principes de discipline, jamais je ne pense avoir manifesté une quelconque injustice à l'égard des travailleurs. Alors il est possible, mais je n'en ai aucune certitude bien entendu, que ce comportement à notre égard soit la manifestation d'un certain respect de la part d'une population malgré tout fort différente du Congo voisin. Au cours de notre séjour à Bujumbura j'ai bien entendu analysé les possibilités d'emploi dans d'autres pays émergents vu le climat d'insécurité qui continuait à régner à l'intérieur du Burundi. J'ai reçu une offre ferme pour aller diriger une plantation de thé à Madagascar. J'ai cependant décliné cette offre car la plantation était totalement isolée et située à huit heures de piste d'Antananarivo, capitale de Madagascar.

Puis finalement la tension a diminué au Burundi et à Teza et les rencontres que j'ai faites au cours de mes visites quotidiennes avec un nombre croissant de travailleurs de la plantation m'ont convaincu qu'il serait possible de reprendre bientôt le travail à Teza même si tout danger n'était bien entendu pas écarté. Un peu plus de deux mois après les tragiques évènements du mois d'octobre, ma direction a jugé que les conditions étaient redevenues quasi-normales à Teza et que le travail pouvait reprendre. Cette appréciation était bien entendu très subjective puisque les visites de ma direction à Teza étaient des plus rares. Je n'avais cependant pas d'autre choix que de remonter à Teza en famille ou de quitter l'ISABU et aller au devant d'un futur fort incertain. Nadine et moi nous avons pris la décision de rester au Burundi.

VII – NOTRE RETOUR EN PLANTATION

Plaque de Teza

Un autre défi

Janvier 1966. Au début du mois, toute la famille est remontée à Teza et j'ai repris le travail. Nous étions les seuls européens isolés sur notre colline ; les conditions de travail étaient particulièrement difficiles, le contexte politique l'était tout autant et la tension quasi permanente. Je ne quittais pas mon révolver que ce soit en plantation où pendant la nuit au cours de laquelle je l'avais à portée de main sous l'oreiller. Je devais recommencer à zéro pour le personnel qualifié car je n'avais plus d'agronomes, plus de comptables, plus de dactylos, plus de secrétaires, plus de magasiniers. Ils avaient tous été massacrés ou avaient disparus. De plus, pendant les deux premiers mois, je n'avais que peu de travailleurs à ma disposition. Lorsque je me suis enquis des raisons de cet absentéisme, les travailleurs ont été unanimes à évoquer la crainte de représailles de l'armée qui régulièrement venait en plantation pour évaluer la situation et faire quelques exercices de démonstration de force et de tir en forêt au hasard bien sûr. Ils m'ont également dit qu'un grand nombre de travailleurs qu'ils avaient côtoyés avaient disparus. Ce point était incontestable et j'ai pu aisément en vérifier la véracité en constatant qu'un bon tiers des travailleurs qui étaient inscrits sur les anciennes listes de paie, soit environ 700 travailleurs, ne sont jamais revenu travailler ni percevoir leur salaire du mois d'octobre de sinistre mémoire. Je suppose qu'ils étaient morts au cours des terribles représailles des troupes loyalistes tutsies qui suivirent le coup d'état ou qu'ils avaient fuit dans les pays limitrophes. J'ai également eu beaucoup de difficultés pour recruter des travailleurs qui voulaient m'accompagner en forêt et m'aider dans mon travail d'identification et de délimitation de terrains propices à la production théière. En effet la majorité des travailleurs craignait les pygmées et pensait qu'ils constituaient un danger permanent. Les pygmées, par peur des représailles de l'armée, s'étaient en effet repliés en forêt et ne sortaient que la nuit. Quant à moi, je ne pouvais pas me poser trop de questions même si mes craintes étaient réelles car le travail devait progresser. La journée j'étais continuellement sur le qui-vive, tandis que le soir je m'entrainais au tir dans mon jardin. Je le faisais non pas pour vérifier mes aptitudes au tir mais pour me donner une certaine confiance, confiance dérisoire bien entendu Je pensais assez naïvement que le fait que l'on sache que j'étais armé découragerait des agresseurs éventuels. Et pourtant je savais pertinemment bien qu'un révolver face à des lances, des machettes et des rebelles drogués ne servirait strictement à rien. Peu à peu cependant, les conditions de travail se sont améliorées et la tension s'est apaisée. Ce travail en brousse où tout était à faire m'a fait découvrir la beauté de ce métier d'ingénieur agronome tandis que les conditions difficiles que nous avons affrontées pendant les deux premières années de notre séjour au Burundi m'ont fait apprécier l'importance et la richesse d'une famille soudée. J'ai aussi découvert un style de vie et surtout un environnement qui m'ont permis de m'épanouir et j'avais bien l'intention de laisser mon ancre dans ce pays à deux faciès, ce pays des joies et des drames, violent mais pouvant être charmant, puisque c'était le port que mon cœur avait choisi.

L'évolution politique

Le coup d'état d'octobre 1965 ayant échoué à Bujumbura et à l'intérieur du pays, le gouvernement tutsi et son armée ont procédé à la liquidation de beaucoup de leaders hutus civils et militaires. La plantation n'a pas été épargnée et les arrestations et disparitions ont été nombreuses. Les morts se comptaient par milliers. Cependant les presses nationales et internationales ont fait peu de cas de ce génocide sélectif. En effet, le Burundi, pays pauvre, méconnu et sans ressources, n'intéressait guère la presse internationale tandis qu'au niveau national la presse était fortement censurée. Pourtant je pense que ce coup d'état manqué et les terribles représailles perpétrées par la suite par l'armée ne sont certainement pas étrangers aux massacres qui ont endeuillé le pays au cours des décades suivantes. L'officier militaire tutsi en charge des opérations dites de pacification, le major Michel Micombero, s'est rapidement vu offrir une position ministérielle dans le gouvernement. Le Mwami Mwambusta s'est enfui en Europe au début de 1966 et n'est jamais revenu. Il a cependant refusé d'abdiquer. Par conséquent, l'administration de tous les jours est devenue la responsabilité d'un assemblage mixte d'éléments de l'armée, de civils et de jeunes, la plupart d'origine tutsie. Ce groupe a commencé à utiliser le prince Charles Ndizeye, le plus jeune fils du roi Mwambutsa en espérant que si la crise de succession se résolvait en sa faveur, cela leur permettrait une nouvelle entrée dans la vie politique. C'est précisément ce qui s'est passé avec la proclamation le 8 juillet 1966 d'un nouveau chef d'État de 19 ans, le Prince Charles. Le jour suivant, le Prince Charles a démit de ses fonctions le premier ministre Léopold Biha, suspendu la constitution et a demandé au major Micombero de former un nouveau gouvernement. Le 1er septembre 1966 à Muramvya, Charles Ndizeye a été proclamé Mwami du Burundi sous la dynastie de Ntare V. Son règne a cependant été de très courte durée et il a été le dernier Mwami du Burundi. Les mois suivants ont en effet été les témoins d'une détérioration rapide des relations entre le Mwami et ceux qui l'avaient assisté à devenir Mwami. Le 28 novembre 1966, alors qu'il assistait au premier anniversaire de la prise de pouvoir de Mobutu à Kinshasa, il apprit par la radio que l'armée l'avait déposé et avait proclamé une République dont le Major Micombero devint le premier Président à l'âge de 26 ans. Le couvre-feu a été instauré de 6 h du soir à 6 h du matin sur toute l'étendue du territoire pour une durée indéterminée. Ainsi s'est achevée une monarchie qu'on disait vieille de plus de trois cents ans. Ainsi s'est terminé le règne le plus court de la défunte royauté. Par la suite les Tutsis ont gardé le pouvoir pendant 21 ans.

Nous somme quatre

21 septembre 1966. Ce jour notre famille s'est agrandie d'une charmante fille blonde que nous avons appelée Karin et qui présentait à la grande fierté de son père les traits nordiques si caractéristiques de sa grand-mère paternelle. Si un glissement de terrain majeur m'avait presque empêché d'assister à la naissance de notre fils Eric, dans le cas de notre fille une secousse tellurique, heureusement de faible ampleur et n'occasionnant que quelques dégâts mineurs, a marqué le jour de sa naissance. Étrange coïncidence que cette naissance précédée d'une secousse tellurique car la coutume burundaise veut qu'un tremblement de terre soit toujours annonciateur d'un grand évènement. Nous avons revécu ce délicieux moment d'amour, de tendresse et d'intimité que nous avions eu lors de la naissance d'Eric. L'histoire se répétait et nous étions comblés. Dehors, les premières pluies avaient réveillé la nature desséchée par le soleil et la nature nous gratifiait de fleurs ravissantes récemment écloses tandis que les oiseaux semblaient partager notre joie avec leurs chants divers. Quelques heures après la naissance de Karin, j'ai repris le chemin de la poste comme je l'avais fait deux ans et demi auparavant pour partager notre bonheur avec les parents de Nadine et mon père en envoyant un télégramme, moyen de communication tombé dans l'oubli de nos jours mais si précieux à cette époque. Quelques jours plus tard, nous étions de retour sur notre colline où Eric et Karin se sont épanouis au contact de cette nature si riche qui nous entourait.

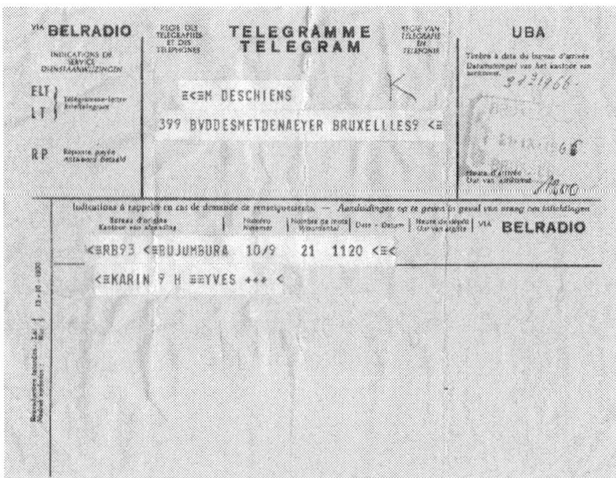

VIA BELRADIO — TELEGRAMME TELEGRAM — UBA

ELT
LT
RP

≡<≡M DESCHIENS

399 BVDDESMETDENAEYER BRUXELLLES9 <≡

9-9-1966

VIA BELRADIO

<≡RB93 <≡BUJUMBURA 10/9 21 1120 <≡<

<≡KARIN 9 H ≡≡YVES +++ <

Télégramme

L'inauguration de l'usine

En fin de l'année 1966 l'usine à thé de Teza est devenue fonctionnelle et a été inaugurée avec beaucoup de faste par le Président Micombero. Ce dernier est arrivé en hélicoptère et a été accueilli par des tambourinaires et danseurs Intore. Ensuite très solennellement il a procédé à l'inauguration de l'usine en coupant le ruban symbolique. Puis les premières feuilles de thé cueillies sur les théiers plantés en fin 1963 furent transformées en thé noir. Ce thé devint rapidement l'un des thés les mieux côtés sur le marché de Londres.

L'hélicoptère du Président Micombero

Visite du Président Micombero à Teza

Visite du Président Micombero pour l'inauguration de l'usine de Teza

L'intuition

Juillet 1967. Comme toutes les fins de mois le service comptabilité de la plantation préparait les fiches de paie pour approximativement 2 000 travailleurs. C'était une tâche ardue et complexe car il fallait retranscrire sur un grand registre tous les noms des feuilles d'appel de chaque équipe de travailleurs et indiquer le nombre de jours prestés et le salaire correspondant. Ce travail nécessitait approximativement une semaine car toute la transcription se faisait manuellement. Trois jours avant la paie, je me suis aperçu qu'une tentative de fraude très importante était en cours de préparation. Mon nouveau chef comptable tutsi avait tout simplement établi des feuilles de paie fictives comportant plus de 300 noms imaginaires dont il se serait approprié la solde. J'ai pris la décision de le licencier immédiatement et de faire recommencer tout le travail. Une nouvelle semaine de travail et de contrôle avec comme conséquence un paiement retardé de trois jours au grand mécontentement des travailleurs. Certains sont devenus arrogants et agressifs et la tension montait. Il n'y eu cependant pas d'incidents notoires. Le jour de paie, je me suis installé dans le fond du hangar jouxtant l'usine avec les aides-comptables tandis que les travailleurs s'alignaient en colonnes dans le hangar devant nos tables. La paie débutait et nous procédions un par un à l'appel, à l'énumération du nombre de jours travaillés et au salaire à percevoir. Ensuite les travailleurs apposaient sur la feuille de paie leur pouce imbibés d'encre comme signature car la grande majorité était illettrée. Deux heures se sont ainsi passées sans heurts. Soudain, j'ai aperçu mon comptable que j'avais licencié trois jours auparavant se glisser parmi les travailleurs et passer derrière ma table en prétextant venir chercher ses affaires personnelles qu'il n'avait pas pu emporter lors de son licenciement. Je trouvais l'explication plausible et, très occupé à surveiller la paie, je n'ai de prime abord pas fait trop attention à cette démarche. Pourtant j'étais sur mes gardes. Est-ce le sixième sens ? C'est fort probable. Tandis que je continuais à effectuer le paiement, ce sixième sens m'a probablement sauvé la vie. J'ai brusquement tourné la tête sans raison apparente si ce n'est celle guidée par l'intuition et j'ai aperçu mon comptable le bras levé armé d'un lourd marteau qu'il s'apprêtait à abaisser sur mon crâne pour le fracasser. J'ai esquissé le coup, attrapé son bras que j'ai tordu afin de lui enlever le marteau. Nous nous sommes violemment empoignés, avons roulé au sol et lui, vif comme une anguille, a essayé de se dégager pour reprendre son marteau qui était tombé au sol Le pugilat a rapidement dégénéré mais j'ai fini par prendre le dessus. Pour une fois mes deux années de pratique de boxe amateur m'ont servi en dehors d'un ring J'ai martelé son visage à coups de poings, son sang giclait et éclaboussait ma chemise. J'ai continué mon travail de sape sans que personne dans l'entourage n'intervienne. Les travailleurs sont restés impassibles. Finalement, je l'ai relâché et il s'est enfuit en courant. Le lendemain, j'ai déposé plainte auprès de la gendarmerie de la ville de Muramvya pour fraude et tentative d'assassinat. Mon comptable a été arrêté et mis en prison où il n'y fera cependant qu'un très court séjour. Il est sorti au bout de dix jours car personne parmi les travailleurs n'a témoigné avoir vu un marteau s'élevant au dessus de ma tête. J'ai bien entendu été le seul à avoir vu ce geste criminel et donc ma plainte a rapidement été classée sans suite faute de preuves ! C'était assez logique car dans le contexte politique de l'époque il était clair que jamais un travailleur hutu n'aurait témoigné contre un Tutsi de peur de représailles de la part des autorités provinciales et de l'armée essentiellement composée de Tutsis. Octobre 1965 était encore bien trop frais dans les mémoires.

Le don imitateur des singes

À la lisière de la forêt de la Kibira, nous avions établi une pépinière à proximité de la rivière afin de pouvoir l'irriguer. Les plantules de théiers restaient généralement entre 18 mois et deux ans en pépinière afin d'être extraites en vue d'être plantées. Préalablement à la plantation qui se faisait à racines nues, il fallait recéper les plants. Le recépage consiste à couper les plants à 20 cm de hauteur au-dessus du niveau du sol puis à les extraire et les emmener par tracteur vers le lieu de plantation. L'opération de recépage fascinait les nombreux singes qui peuplaient la forêt et qui, tout en nous observant, se balançaient d'une branche à l'autre des arbres tout proches et faisaient entendre leur ricanement si particuliers. Ils voulaient très probablement nous transmettre un message mais la barrière de langues était un obstacle majeur ! Puis un matin j'ai compris mais trop tard ce qu'ils voulaient nous dire. En effet, après que nous ayons arrêté le travail la veille aux environs de 15 heures, ils étaient descendus de leurs observatoires pour se rendre dans la pépinière où ils avaient consciencieusement épluchés les plants à l'image de qu'ils font avec les bananes, ne laissant en terre qu'un moignon de 10 à 15 cm de hauteur. À leur manière ils nous faisaient savoir que eux aussi pouvait faire ce travail qui ne leur paraissait pas trop complexe !

Karin et le berger allemand

Novembre 1968. Sur notre colline nous avions comme seuls voisins depuis la reprise des travaux début 1966 un couple de Hollandais dont le mari travaillait avec moi en tant que responsable de l'usine de thé de Teza. En septembre 1968, ils sont partis en Europe pour une période de deux mois pour y passer leurs vacances. Pendant cette période, nous avons pris soin de leur berger allemand, un magnifique mâle de deux ans dont le poids dépassait largement les 40 kg. Notre fille Karin qui avait deux ans était aux anges car elle avait trouvé un compagnon de jeu docile et qui ne manifestait jamais une hostilité quelconque envers elle. Les deux mois se sont passés sans aucun problème et lors de la rentrée de ses maîtres le chien est retourné dans sa maison. Cette dernière, qui était celle habitée par mon agronome sauvagement assassiné, était séparée de la notre par une simple haie de cyprès que l'on pouvait aisément franchir. Quelques jours après le retour de nos voisins, ce fût le drame. La nuit tombait et soudain nous avons eu la visite de notre voisine portant Karin ensanglantée dans ses bras. Le bas de son visage, le cou et le torse étaient totalement rouges que nous avons cru au pire et le sang continuait à couler d'une plaie située au niveau du cou sans que l'on puisse la localiser de manière précise. Notre voisine nous a expliqué affolée que Karin avait franchi la haie et que son berger s'était brusquement jeté sur elle sans raison apparente et l'avait sévèrement mordue à la gorge. Comme elle se trouvait heureusement tout près du chien au moment de son attaque elle avait pu le maitriser instantanément. Elle avait ensuite prodigué les premiers soins à Karin en lui versant une bouteille entière de mercurochrome sur le cou et le visage tout en lui mettant un pansement afin d'essayer d'arrêter l'hémorragie. J'étais comme fou et ma première réaction a été de saisir le tisonnier et d'aller tuer le chien. Puis je me suis ravisé, ai pris Karin dans mes bras pour l'installer dans ma voiture. Ensuite j'ai pris la direction de l'hôpital de Bujumbura. Jamais je ne suis descendu aussi vite l'escarpement menant à Bujumbura. Arrivé à l'hôpital aux environs de 20 heures, le service de garde a aussitôt fait appel au seul chirurgien de l'hôpital et de Bujumbura et que nous connaissions bien puisqu'il avait procédé au dernier accouchement de Nadine. Apres avoir examiné Karin il m'a déclaré qu'elle avait eu énormément de chance car le berger l'avait effectivement mordu au cou et ses crocs avaient fait une large plaie située à deux mm de la carotide ! À deux mm près la carotide était coupée laissant à Karin peu de chances de survie vu l'impossibilité de tout traitement médical d'urgence en brousse. Le chirurgien a finalement décidé de ne pas recoudre la plaie afin de minimiser la cicatrice mais de rejoindre les deux lèvres de cette plaie avec du sparadrap. Étonnant mais formidable. L'effet a été immédiat, le sang s'est arrêté de couler et une heure après notre arrivée à l'hôpital nous étions prêts à rentrer dans notre brousse. Nadine et nos voisins nous attendaient avec une anxiété bien évidente. Je les ai rassurés et quelques jours plus tard le souvenir de cette attaque qui aurait pu être fatale s'estompait déjà. Que s'est-il passé au juste ? Très probablement, cette attaque aurait été faite par révolte à l'attitude soumise que le chien avait eu à l'égard de Karin pendant son séjour chez nous. Il est en effet possible que Karin ait quelque peu outre passé les limites du jeu avec le chien. Comme ces derniers sont des animaux de meute et les relations sociales sont entièrement basées sur le rapport de dominance, de dominé par un enfant lorsqu'il était chez nous, le chien est passé dominant lorsqu'il est revenu chez lui et s'est révolté à la première occasion. Suite à cet accident, la haie séparant les deux maisons a été consolidée afin d'éviter toute autre rencontre entre le chien et Karin. Ce moment de frayeur passé notre vie en brousse fertile en évènements a repris ses droits tandis qu'Eric et Karin ont continué à s'épanouir sans soucis majeurs dans cet univers hors du commun.

Chez nous avec Eric et Karin

Karin

Karin

Le survol de la plantation en DC3

Janvier 1969. Fin des années soixante, le gouvernement français avait offert au gouvernement burundais une caravelle, comme avion présidentiel, et un DC3 Dakota. Deux cadeaux empoisonnés pour un pays qui n'avait ni les ressources financières pour assurer la maintenance de ces avions ni pour les faire voler de manière régulière. La maintenance fut donc assurée par la France et il en fut de même du pilotage. Je connaissais bien le pilote militaire français responsable de faire voler le vieux DC3 un certain nombre d'heures par mois. Comme il était à la recherche de nouveaux plans de vol, je lui ai suggéré de survoler la crête Zaïre-Nil car le ciel était dégagé en ce début de petite saison sèche puis de descendre vers la plantation de Teza. Chose dite chose faite, et nous voilà embarqués aux frais de la France vers cette fameuse crête Zaïre-Nil et la plantation de Teza. J'étais copilote théorique afin de pouvoir filmer au mieux le survol de la plantation. Nous avons d'abord survolé à basse altitude la crête Zaïre-Nil située à 2 300 mètres d'altitude où de fortes turbulences régnaient en permanence. Puis, nous l'avons longée pendant environ 30 minutes jusque pratiquement la frontière rwandaise, avant de faire demi-tour en direction de Teza que ce pilote aguerri et n'ayant guère froid aux yeux, survola à plusieurs reprises à très basse altitude. Le spectacle était fascinant C'est en survolant Teza perdu au cœur de la forêt que je me suis mieux rendu compte de la beauté de cette forêt telle qu'elle a été pendant des millénaires et qui a été notre univers pendant sept ans, de cette forêt qui manifestait son irréfragable et sédentaire matérialité, et de la splendeur de cette plantation de thé d'une couleur verte si spécifique et de sa douce mélancolie, Ce vol impressionnant restera à jamais ancré dans ma mémoire car il me rappelle que j'ai eu une chance inouïe au cours de mon séjour à Teza de côtoyer le monde des animaux et des plantes disparues pour beaucoup d'entre nous.

Survol de Teza – Vue des maisons

Notre chasse de nuit dans la province de Kirundo

Août 1969. Nous avions décidé avec un couple de très bons amis, Hector et Martha, vivant à Bugarama à 15 kilomètres de Teza, de profiter de la grande saison sèche et de partir à la chasse de nuit dans la province de Kirundo. Cette province, constituée d'un plateau d'altitude inférieure à 1 600 mètres est située dans le Nord du Burundi, et est limitée au Nord par la République du Rwanda. Quoique étant une province fortement peuplée, la population y était à l'époque très inégalement répartie et dans les zones les moins peuplées, la faune était extrêmement riche et diversifiée et comportait notamment un grand nombre d'antilopes. Ces dernières, uniquement herbivores, occasionnaient des dégâts importants aux cultures traditionnelles des populations locales qui leur menaient d'ailleurs une chasse continuelle. Le rendement des cultures étant très faible, toute perte de récolte due à des conditions climatiques incertaines ou à des dégâts de prédateurs pouvait s'avérer catastrophique en période de soudure c'est-à-dire en saison sèche lorsque toute la famille vit sur les réserves des greniers en attendant les premières récoltes de saison des pluies.

De Teza, nous avions fait le trajet avec deux voitures et, après environ sept heures passées sur des routes poussiéreuses et défoncées, nous sommes arrivés à Kirundo en début de soirée. J'y ai laissé ma voiture, une Fiat 124 coupé pas trop adaptée aux petites pistes et surtout aux ornières. Après une restauration légère dans un petit restaurant tenu par des Indiens, pratiquement la seule communauté étrangère dans cette petite ville, nous sommes montés dans la VW coccinelle de nos amis, véhicule mieux adapté aux petites pistes que nous allions emprunter. Leur voiture était équipée d'un fixe au toit assez rudimentaire qui allait cependant jouer un rôle crucial dans notre chasse nocturne. En effet, afin de repérer les yeux des animaux nous avions décidé ensemble que Nadine s'installerait sur le toit de la VW avec un puissant faisceau lumineux afin d'éclairer la savane à acacias et formations arbustives. Cet exercice n'était pas sans risques car il fallait tenir la lampe d'une main, s'accrocher au toit avec l'autre main car le véhicule était en mouvement, et à la vue des yeux de l'animal il fallait lâcher le toit afin de frapper trois coups sur la carrosserie, ce qui signifiait arrêt immédiat du véhicule. Ensuite, il fallait conserver le faisceau lumineux braqué sur l'animal afin de permettre au chasseur de discerner les jeunes bêtes ou les mères porteuses qui ne devaient bien entendu pas être abattues. Hector, bon chasseur alors que je n'étais qu'un apprenti, savait parfaitement faire cette distinction qui demandait cependant la complicité de Nadine. À la demande d'Hector, il fallait soit légèrement abaisser le faisceau soit au contraire le monter ou le diriger vers la droite ou la gauche afin de mieux discerner la dimension de l'animal et s'il s'agissait d'une mère porteuse ou non. Les demandes d'Hector étaient transmises par un coup frappé de l'intérieur du toit du véhicule selon un code sur lequel nous nous étions entendus : un coup signifiait monter le faisceau, deux l'abaisser, trois le déplacer vers la gauche et quatre vers la droite. Lorsque qu'Hector était satisfait il descendait du véhicule pour essayer d'abattre l'animal. Parfois bien entendu, l'animal, pas dupe, avait profité de ces changements d'orientation du faisceau pour s'enfoncer dans les ténèbres de la nuit et tout le scénario était à recommencer.

Sans aucuns répits, notre chasse a continué toute la nuit et, lorsque l'aube s'est levée, nous avions six antilopes et un porc-épic à notre actif. Si les six antilopes étaient à mettre au tableau de chasse d'Hector, j'avais abattu le porc-épic non sans me faire une grande frayeur. En effet, peu avant l'aube, alors que six antilopes avaient déjà été abattues, Nadine a détecté une autre paire d'yeux et Hector me dit que c'était mon tour. Le véhicule s'est arrêté et je suis avancé dans la savane arbustive. J'avais fait quelques pas et ne voyais plus rien. Par contre j'ai perçu un bruit qui m'était totalement inconnu, comme un bruit de crécelle accompagné de grognements. Je n'étais pas rassuré. J'ai fait quelques pas en direction du bruit puis tout s'est déroulé très rapidement. J'ai soudain aperçu dans les ténèbres un corps noir-brun prolongé de longs piquants noirs et blancs qui devaient atteindre 40 à 50 cm de long. J'ai immédiatement tiré et ce fut ma chance. Je venais d'abattre un porc-épic dont le comportement est très intéressant lorsqu'il se défend. Bien sur, j'ai appris le comportement de cet animal après la chasse et il aurait mieux valu que je le sache avant pour éviter toute surprise désagréable. En effet le porc-épic s'immobilise lorsqu'un prédateur l'approche et si on le touche ses épines acérées se détachent et rentrent dans la peau du prédateur. Il peut aussi, après un court instant d'attente, foncer sur le prédateur et lui enfoncer ses épines dans le corps et infliger des blessures extrêmement douloureuses et sujettes aux infections causées par des germes qui se trouvent sur les piquants. Chaque piquant est pourvu de crochets minuscules, et lorsque ces derniers sont plantés dans la peau ils maintiennent les piquants fermement dans celle-ci et rendent leur extraction encore plus douloureuse et difficile. La prochaine fois lorsque j'entendrai un bruit de crécelle dans la brousse, je saurai quoi faire et ne pas faire ! À sept heures du matin, éreintés par cette longue nuit blanche mais certes moins que ne l'était notre vaillante veilleuse perchée pendant toute cette nuit sur un fixe au toit plus approprié pour y mettre des valises qu'une personne, nous avons repris le long chemin de retour après un arrêt petit déjeuner bien mérité.

En route pour Kirundo

La VW et son fixe au toit rudimentaire

Dernier arrêt avant la chasse

Ravitaillement en essence

En route pour la chasse

Le vieil homme

Nouvelle tentative ou simulacre de coup d'État

Septembre 1969. À peine rentrés de notre fameuse chasse de nuit, nous apprenons qu'une nouvelle tentative de coup d'État fomenté par les Hutus et prévue pour les 16 et 17 septembre 1969 avait été découverte par le gouvernement. Difficile d'affirmer cependant s'il s'agissait d'une vraie tentative ou simplement d'un prétexte pour faire une purge dans le milieu hutu du gouvernement et de l'armée. Tandis que de nombreux soldats hutus furent exécutés sommairement, de nombreuses arrestations s'en suivirent. 20 Hutus du gouvernement et de l'armée furent jugés et condamnés à mort le 18 décembre pour avoir conspiré contre la sécurité de l'État. Ils furent exécutés deux jours après. Selon certaines sources, environ 100 exécutions furent effectuées au cours du mois de décembre. Quelque soit le chiffre, il était clair que la suprématie tutsie s'en trouva renforcée car sept des douze ministres étaient dorénavant Tutsis et occupaient les postes clés des Affaires extérieures, de l'Intérieur, de la Défense et de la Sécurité tandis que six des huit gouverneurs provinciaux étaient aussi Tutsis. Cette nouvelle purge dans le milieu hutu après celle de 1965 n'a cependant fait que radicaliser le milieu hutu qui a déclenché une autre tentative de coup d'État en 1972 dont je parle plus loin dans ce livre.

VIII – BUJUMBURA

Ma nouvelle affectation

Septembre 1970. Au début de l'année 1970, je suis parvenu à négocier avec ma direction une nouvelle affectation à la station de recherche agronomique de l'Imbo située à 25 kilomètres au nord de Bujumbura. Cette nouvelle affectation nous a permis de résider en ville à partir de septembre 1970 et de scolariser Eric et Karin en attendant que les maisons devant être construites sur la station ne soient terminées. Nous savions cependant que notre séjour à Bujumbura serait nécessairement de courte durée puisque les diverses constructions devaient être achevées au début de 1972 et que nous serions alors obligés d'aller vivre sur mon nouveau lieu de travail.

Mon affectation à la station de l'Imbo représentait pour moi un nouveau défit du point de vue professionnel. En effet, les cultures d'altitudes, la brousse et le climat subtropical frais et pluvieux qui étaient notre univers pendant sept ans appartenaient désormais au passé. Je me trouvais à présent confronté au climat tropical chaud et sec de la plaine de l'Imbo dont l'altitude varie entre 775 m et 1 000 m, tandis que la température moyenne avoisinait les 35 °C le jour et ne descendait pas sous 20 °C la nuit. La station était le support logistique d'un grand périmètre irrigué rizicole de 5000 ha et de la culture cotonnière de la région et son programme de recherche était essentiellement axé sur ces deux cultures ainsi que sur l'amélioration des sols. Dans l'attente des logements, l'infrastructure de la station consistait en un bureau modeste, un petit laboratoire et un hangar.

Nous appréhendions cependant notre déménagement futur car les conditions climatique et sanitaire de la plaine étaient extrêmement difficiles. La chaleur dans la plaine était débilitante, les moustiques abondaient et la bilharziose, seconde endémie parasitaire mondiale après le paludisme, régnait dans les zones irriguées ou inondées. Il était impossible de se tenir à l'extérieur dès le coucher du soleil car les moustiques étaient rois et terriblement agressifs. De plus, la température nocturne élevée ne rendrait certainement pas les nuits des plus agréables. À l'époque on ne parlait bien évidemment pas de conditionnement d'air. Enfin, même si la distance entre la station et Bujumbura n'était que de 25 kilomètres, les 15 derniers kilomètres menant à la station consistaient en une piste défoncée et poussiéreuse et n'incitaient guère au voyage. Vivre sur place aurait demandé à Nadine de faire quatre allers-retours par jour soit 200 kilomètres environ dont 120 kilomètres de pistes pour conduire et rechercher les enfants à l'école de Bujumbura. Passer environ quatre heures sur des routes désertes par une chaleur torride et dans une fine poussière qui s'infiltrait aisément dans la voiture ne possédant bien entendu pas d'air conditionné était totalement inenvisageable tant du point de vue santé que du point de vue sécurité. Finalement, retourner à l'intérieur dans des conditions spartiates et difficiles après avoir déjà connu la brousse pendant sept années n'était certainement pas ce à quoi nous aspirions. Nadine et moi étions donc confrontés à un terrible dilemme car nous savions l'un et l'autre, même si nous occultions le sujet du déménagement éventuel, que nous ne pourrions aller vivre dans cette plaine inhospitalière. Nous savions aussi que l'inconnu et les difficultés de retrouver un emploi nous attendaient si nous décidions de rentrer en Belgique. Heureusement de nombreux problèmes retardèrent la construction des logements qui ne furent achevés qu'à la mi-1974. Nous avions cependant pris la décision de rentrer en Belgique dès que les constructions seraient achevées plutôt que d'affronter des conditions de vie pénibles et délicates pour la santé sans parler des conditions de scolarisation inacceptables. La station de recherche et la plaine de l'Imbo ont donc été mon univers de travail de début 1971 à septembre 1974, tandis que Bujumbura a été notre nouvel univers familial et social. Quel bonheur pour les broussards que nous avions été pendant sept ans d'enfin connaître la ville, la civilisation, les restaurants, la vie sociale, les plaisirs des activités sportives nombreuses à Bujumbura et celle du lac Tanganyika. Malheureusement notre séjour à Bujumbura a été terni par le terrible génocide de 1972 que j'évoque plus loin dans ce livre et qui laissera une trace indélébile dans ma mémoire.

Premier contact avec le territoire américain

Notre séjour à Bujumbura a débuté d'une très curieuse manière que l'on peut interpréter de diverses façons. Les uns prétendent que l'accident de voiture que connu Nadine était totalement fortuit tandis que les autres affirment que cet accident était un signe prémonitoire de ce que le futur nous réservait. En effet après six années passées en Belgique, j'ai été engagé fin 1980 par la Banque mondiale à Washington, D.C., aux États-Unis, pays où nous sommes restés vivre depuis la fin de ma carrière début 2002. Alors que faut-il penser de cette première intrusion de Nadine en territoire américain fin 1970 alors qu'elle rentrait à la maison après avoir conduit les enfants à l'école. Nous résidions à ce moment dans une maison qui était contigüe à celle de l'ambassade des États-Unis. Pas de sécurité bien particulière à cette époque, pas de barrière en béton entourant l'Ambassade ni séparant l'entrée de notre garage du jardin en pente de l'ambassade. Seul un talus et une petite barrière en bois séparaient les 2 jardins. Nadine, relativement novice dans la conduite d'un véhicule puisqu'elle ne conduisait de manière régulière que depuis deux mois, a tourné apparemment à allure assez vive dans l'allée de notre garage, puis a certainement eu un moment de confusion dans le maniement des pédales et, voulant freiner afin de ne pas se retrouver dans le mur du fond du garage, a accéléré tout en continuant à braquer les roues dans la direction du jardin de l'ambassade. Résultats immédiats puisque la voiture, après avoir franchi le talus et la barrière séparant les deux jardins, a dévalé la pente du jardin de l'ambassade pour finalement s'arrêter dans un replat contre un autre talus. Nadine, choquée est restée un moment dans la voiture, tandis que Madame l'Ambassadrice alertée par ce bruit bizarre, a accouru, puis voyant Nadine sortir indemne de sa voiture, s'exclama : « Oh my god, that's so funny to see a car in my garden ! »[1] Lorsque je suis revenu en fin d'après-midi de mon travail et que j'ai vu la voiture fortement endommagée dans le jardin de notre voisine, je suis devenu anxieux ne sachant à quoi m'attendre. Heureusement en poussant la porte d'entrée de notre maison mes craintes se sont immédiatement dissipées en voyant Nadine indemne mais désolée pour la voiture que nous venions d'acquérir. Je l'ai rassurée puis lui ai dit de prendre immédiatement les commandes de ma voiture et qu'ensemble nous irions en ville afin qu'elle dissipe toutes ses craintes. De prime abord elle a refusé, puis au bout de quelques minutes elle a finalement pris le volant et tout se s'est déroulé merveilleusement. La confiance était revenue. Quant à sa voiture, châssis plié, elle était bonne pour la casse. Mais en Afrique, on fait des miracles avec les véhicules et on répare tout. Nous avions une connaissance qui enseignait à l'école de mécanique de Bujumbura et qui recherchait des véhicules accidentés afin que ses étudiants puissent se faire la main au cours

[1] « Oh, mon dieu, c'est tellement drôle de voir une voiture dans mon jardin ! »

des travaux pratiques. C'est ainsi que la voiture de Nadine a ainsi été remise en état de marche. Cependant, les séquelles de l'accident en dépit d'une nouvelle peinture étaient encore visibles et la direction avait une propension notoire à vouloir diriger la voiture vers la gauche en souvenir plus que probable du virage à gauche un peu trop gaillardement pris par Nadine ! Malgré ces défauts qui n'étaient cependant nullement rédhibitoires pour une réinsertion dans le parc automobile local où véhicules vétustes et dangereux étaient la norme, jamais je n'aurais pensé que nous aurions pu vendre notre voiture à un prix très décent à une ambassade. Bien sur me direz-vous, l'expérience est importante et quand un véhicule a l'opportunité de s'introduire au sein d'une ambassade, en l'occurrence celle des États Unis, il est peut être plus facile de venter ses mérites auprès d'une autre ambassade. Cela a en effet été le cas puisque le véhicule de Nadine a été revendu à une autre ambassade dont je tairai le nom par discrétion après être préalablement passé pour inspection dans les mains dites expertes du mécanicien de cette même ambassade !

Dans la plaine de l'Imbo avec la voiture en cours de réparation

Le lac Tanganyika

Comment parler de ce fascinant lac, des plongées qui j'y ai faites mais aussi des dangers permanents qui le caractérisent sans faire un bref rappel des caractéristiques du lac Tanganyika (voir annexe 1).

Le contexte

Le lac Tanganyika borde le pays sur une distance de 150 kilomètres et couvre une superficie totale de 32 900 kilomètres² soit légèrement supérieure à la superficie de la Belgique et égale à celle du Maryland où nous résidons. La zone burundaise représente près de 8 % de cette superficie, le reste étant partagé entre la République Démocratique du Congo (4 5%), la Tanzanie (41 %) et la Zambie (6 %). Remontant à plus de 20 millions d'années (miocène), le lac Tanganyika est le plus vieux lac des Vallées du rift africain. Au niveau mondial, il le septième lac par sa superficie et le deuxième par sa profondeur, atteignant par endroits des profondeurs de 1 435 mètres ! Ces dimensions hors normes représentent environ 18 % du volume mondial d'eau douce liquide et font de lui le plus grand réservoir d'eau douce d'Afrique.

La faune[2]

Le Lac Tanganyika possède une faune halieutique particulièrement riche et diversifiée dans les zones benthiques et côtières. Cette diversité ressemble à celle que l'on peut rencontrer dans les océans. Près de 300 espèces sont ainsi présentes, et environ deux tiers de celles-ci sont endémiques. Les plus connues sont la perche du Nil, le sangala, le mukeke et le poisson-chat africain connu aussi sous le nom de silures ainsi que le tilapia introduit du Congo vers 1950, Dans les anfractuosités offertes par le milieu rocheux, on trouve le dangereux naja aquatique aussi appelé cobra d'eau douce. À l'entrée des estuaires, on rencontre les poissons-globes ou poissons-ballons extrêmement venimeux. Enfin, les crocodiles et hippopotames sont particulièrement fréquents. Cette faune si

[2] Lévêque, Christian ; Paugy, Didier. *Les poissons des eaux continentales africaines.*

riche est d'un attrait certain pour tous ceux qui sont friands de plongées d'exploration sous-marine.

Mes plongées dans le lac

Passionné de plongée sous-marine depuis l'âge de 13 ans et d'océanographie lorsque je faisais mes études supérieures, j'ai eu l'opportunité de plonger dans plusieurs mers du monde. Par contre je n'avais encore jamais fait de plongées lacustres. Le lac m'offrait l'opportunité d'en faire. Ce lac merveilleux d'une richesse fabuleuse est un paradis pour le plongeur. Cependant il peut aussi s'avérer dangereux pour ce dernier du fait de la présence éventuelle de crocodiles qui se complaisent le long des rives bordées d'une végétation épaisse mais aussi du cobra d'eau. Malgré le danger potentiel nécessitant une vigilance constante et un choix approprié des lieux de plongée, j'ai vécu des plongées exceptionnelles. J'ai effectué plusieurs plongées toutes plus belles les unes que les autres, avec des fonds très riches en faune. Le lac possède quelques sites de plongée exceptionnels que j'ai fréquentés à maintes reprises. Parmi ceux-ci, il y a le site de Magara situé tout prêt de Minago à 42 kilomètres au sud de Bujumbura. Une plage de sable facilite l'accès à l'eau et dès les premiers mètres, on peut descendre le long d'un tombant ou dalle qui se prolonge en pente douce jusqu'à 55 mètres. Plonger le long d'un tel tombant procure une étonnante sensation d'apesanteur et d'immensité. Il est impossible de distinguer le fond qui se perd dans un bleu intense. Parfois fort stressant c'était toujours très euphorisant. Un autre site extraordinaire est celui marqué par une bouée au beau milieu du lac. Ce n'était d'ailleurs pas sans appréhension que je plongeais du bateau pour lentement glisser dans un vide abyssal car il fallait descendre sans repères et avec une boussole jusqu'à 30 à 40 mètres de profondeur pour enfin apercevoir la pointe d'une immense masse rocheuse qui débutait à 50 mètres puis se perdait dans les abimes du lac. Un spectacle à vous couper le souffle non seulement par sa beauté mais aussi par la richesse de la faune qui peuple cet endroit de rêve.

Au cours de mes plongées j'ai eu l'occasion de rencontrer à plusieurs reprises celui que l'on appelle l'empereur des cichlidés[3] ou *Boulengerochromis microlepis*. Ce poisson prédateur est le plus grand de la famille des cichlidés du lac et second dans le monde après le *Cichla temensis* d'Amérique du sud. Il peut atteindre 70 cm et ceux que j'ai eu l'occasion de croiser atteignaient près de 60 cm. Impressionnant. C'est un poisson extrêmement captivant et majestueux d'une coloration jaune-or et bandes verticales brun-verts. Je ne me lassais pas de le regarder et ceux que j'ai rencontrés ne semblaient absolument pas soucieux de ma présence. Un autre cichlidé majestueux souvent rencontré en petits groupes est le *Neolamprologus brichardi*. D'une grandeur de dix cm et possédant de gracieux filaments sur ses nageoires ce poisson est commercialisé sous le nom de *Princesse du Burundi* et il porte magnifiquement son nom. Quel spectacle inoubliable. .J'ai aussi aperçu fréquemment le *Cyphotilapia frontosa* ou *Bossu sympa du Tanganyika*, cichlidé pouvant atteindre 25 cm et dont la couleur blanche ou bleue rehaussée de six bandes verticales noires en font une merveille que l'on ne se lasse pas de contempler. Les énormes bancs de *Stolothrissa Tanganyikae* souvent appelés sardines puisque leur taille dépasse rarement dix cm, et le poisson-chat faisaient aussi partie de ces plongées fantastiques. Quelques perches du Nil dépassant un mètre et dont les mâchoires ornées d'une dentition redoutable et impressionnante sont aussi venu voir ce curieux animal que j'étais. Mais très vite ces majestueux poissons se sont désintéressés de ma présence !

Ce désintéressement marqué par la perche du Nil à mon égard, je ne l'ai pas vécu avec ce dangereux reptile que j'ai croisé lors d'une plongée et qui m'a glacé le sang car le plongeur est impuissant s'il lui prend l'envie de vous agresser. Il ne s'agissait pas d'un crocodile mais bien du fameux cobra d'eau douce (*Naja annulata* ou *Boulengerina annulata*) craint de tous les plongeurs en raison de sa morsure mortelle. Ce reptile adapté à la vie subaquatique a un comportement extrêmement discret et est rarement visible. Il vit généralement dans les anfractuosités rocheuses en bordure de l'eau mais de temps à autre il nage en pleine eau à faible profondeur cependant. Selon la littérature[4], le Naja lorsqu'il chasse

---

[3] Cette grande famille regroupe entre 1600 et 1800 espèces des poissons vivant principalement en Afrique, en Amérique Centrale et du Sud, le long des cotes Indiennes et Sri Lankaises et au Moyen-Orient. Leur taille est très variable : de quelques centimètres pour les cichlides nains à près d'un mètre. Certains spécimens sont très prisés par les aquariophiles.

[4] O'Shea, Mark ; Halliday, Tim. *Reptiles and Amphibians.*

peut cependant descendre jusqu'à des profondeurs atteignant dix mètres et rester sous l'eau environ dix minutes. Un jour en remontant d'une plongée profonde et faisant un palier de décompression à cinq mètres de la surface j'ai aperçu un long corps cylindrique d'une couleur brune assez brillante avec un ventre jaune pale. Le corps était cerclé d'anneaux ce qui est la caractéristique du cobra d'eau. Il devait atteindre deux mètres et semblait tout autant surpris et craintif que je ne l'étais. J'ai pris soin de stabiliser au maximum mon palier afin de ne pas l'effrayer et nous sommes restés ainsi un long moment à deux mètres l'un de l'autre. Il m'observait et je l'observais. Je savais que normalement le Naja n'attaque pas sauf s'il se sent en danger et j'essayais bien entendu de ne rien faire qui puisse l'irriter. Finalement au bout d'un temps qui m'a semblé interminable, mon pouls battant en chamade, il a décidé qu'il m'avait assez vu et a rejoint tranquillement une anfractuosité proche. Quelle expérience !

Le Lac Tanganyika

Le crocodile, un danger permanent

Je n'évoquerai pas Gustave le crocodile du Nil, largement cité dans la littérature[5] et que je n'ai pas eu l'honneur de rencontrer, mais bien de trois cas vécus illustrant que le crocodile est un carnivore féroce et un danger permanent.

Une découverte morbide

Au début des années 1970, le Gouvernement a estimé qu'il y avait surpopulation des crocodiles dans le lac Tanganyika. Cette surpopulation engendrait un déséquilibre dans le faune et représentait un danger permanent pour la population habituée à pénétrer dans le lac pour y laver son linge. Le gouvernement a par conséquent autorisé le Dr Richard, vétérinaire, responsable du centre vétérinaire de Bujumbura et grand chasseur de crocodiles, à éliminer un certain nombre de crocodiles par an. La nuit, Dr Richard que je connaissais bien partait avec son pneumatique dans l'embouchure de la Ruzizi à la recherche de crocodiles particulièrement nombreux le long des rives. Dr Richard était un homme intrépide et à la limite insouciant. Lorsqu'il avait repéré une proie et qu'il jugeait qu'il était difficile de s'en rapprocher en bateau, il n'hésitait pas à se mettre à l'eau en laissant son pneumatique trop encombrant et trop visible sous la surveillance de ses quelques collaborateurs burundais Un matin, au retour de sa chasse, il a appelé un ami commun, Hector, avec lequel nous étions partis à la chasse à Kirundo pour venir assister au dépeçage d'un crocodile qu'il avait ramené chez lui et placé à l'arrière de sa maison. Hector m'a raconté ce qu'il a vu Le crocodile, d'une longueur de quatre mètres environ et d'un poids estimé à 700 kg, se trouvait allongé sur le dos laissant découvrir son ventre fortement ballonné. Richard l'a ouvert et, comme dans les films d'horreur, une jambe entière qui avait été sectionnée à la hauteur de l'aine, est apparue. Il s'agissait de toute évidence d'une femme africaine dont la jambe avait été happée et sectionnée lorsqu'elle lavait son linge dans le lac. Les mâchoires puissantes du crocodile

[5] Il est le sujet du film *Primeval* réalisé par Michael Katleman, du documentaire *Le monstre du Tanganyika* diffusé par France 3 et du documentaire *Capturing the Killer Croc* diffusé sur PBS. Gustave a été vu et photographié en 2007. On ne sait ce qu'il est devenu.

ne permettant pas des mouvements latéraux masticateurs, les proies ou membres sectionnés sont ingérées en entier puis lentement digérés.

La fatalité

Le weekend était généralement mis à profit soit pour se détendre sur les magnifiques plages de sable fin qui bordent la route menant à Uvira au Zaïre, soit en faisant des excursions en bateau permettant de visiter les nombreuses criques bordant la route de Rumongue en direction du sud vers la Tanzanie soit enfin pour aller se reposer sur les quelques bancs de sables situés non loin des côtes. Un dimanche, une famille que nous connaissions est partie en hors-bord avec leurs deux enfants âgés de huit et dix ans en direction d'une de ces merveilleuses criques. Arrivés sur place ils ont jeté l'ancre à environ dix m de la plage dans une profondeur d'eau d'environ 50 cm. Le fils a sauté à l'eau suivi quelques instants après par sa sœur. Tout d'un coup le drame a éclaté. Sa sœur et ses parents ont eu le temps d'apercevoir un grand remous dans l'eau puis plus rien. Le fils avait disparu ! Tout de suite, ils ont remis le moteur du hors-bord en marche et ont tourné dans la crique pendant plus de cinq heures. En vain, aucune trace de leur fils. L'obscurité tombant ils sont repartis à Bujumbura et ont repris leur recherche le lendemain puis le sur lendemain. Ce n'est que le troisième jour qu'ils ont découvert avec horreur, flottant à la surface le corps de leur fils à peine marqué par les crocs qui étaient indiscutablement ceux d'un crocodile. En effet le crocodile est un prédateur opportuniste et tout ce qui passe à sa portée qu'il ait faim ou non est susceptible d'être attrapé ce qui lui permet de constituer sa réserve de nourriture. Il enfouit généralement sa proie pendant trois à quatre jours dans un trou ou anfractuosité où il la laisse faisander pendant quelques temps. Le crocodile peut ainsi revenir quelques jours après sa prise manger sa proie. Lors de ce tragique accident, le crocodile avait effectivement noyé puis enfoui sa proie qui, mal fixée, était remontée à la surface.

Un crocodile

Un miracle

Le troisième incident qui nous a été rapporté s'est terminé par un véritable miracle. Un couple était parti pique-niquer sur un banc de sable assez étendu situé à quelques centaines de mètres des côtes. Arrivés au bord du banc de sable ils ont tiré leur bateau sur ce dernier et toute la famille est descendue. Parmi eux un enfant de deux ans. Tandis que le piquenique était installé notre bambin jouait paisiblement sur le sable à quelques dizaines de mètres de l'eau sous la surveillance de ses parents. Tout d'un coup panique : un crocodile sortait lentement et subrepticement de l'eau et s'avançait vers l'enfant. Chasseur d'affût et de guet dans les eaux peu profondes ou sur terre, le crocodile est redoutable par sa vitesse et la surprise qui sont les principales caractéristiques de ses attaques. En apparence immobile, il est plus rapide qu'un éclair quand il fond sur sa proie[6]. En quelques secondes et avant que le crocodile ne se dresse sur ses pattes pour courir sur la terre ferme, le père eu le temps de s'emparer de l'enfant et toute la famille s'est réfugiée dans le bateau. Le crocodile a alors replongé dans son milieu naturel et cette famille en a été quitte pour une énorme frayeur.

[6] Le crocodile trotte et peut galoper, sur des petites distances, à une vitesse de 18 kilomètres/h. Il nage à près de 30 kilomètres/h et un adulte peut même se catapulter hors de l'eau à une vitesse de 69 kilomètres/h.

IX – LE GENOCIDE DE 1972

Le contexte

La chute de la monarchie le 28 novembre 1966 et la création d'institutions républicaines érigées en une oligarchie mono partite et militarisée, ont permis aux extrémistes tutsis de radicaliser leur politique de discrimination sous ses différents aspects et d'adopter une politique sectaire visant à asservir l'immense majorité hutue. Les revendications de ces derniers ont toujours été perçues comme une outrance au pouvoir et ont quelque fois été réprimées dans le sang. De nombreux emprisonnements arbitraires et des disparitions reflètent la transgression des droits de l'homme et l'absence de la démocratie. La montée de la violence qui sera le quotidien du Burundi jusqu'à la fin de la guerre civile en 2006 et reste de nos jours malheureusement bien présente a été notamment favorisée par l'intolérance et le manque de démocratie.

Le massacre des Hutus

Aucun autre évènement ne peut discréditer la première république que celui du massacre de la communauté hutue de mai à juillet 1972.[1] Ce génocide trouve son origine dans des poussées de violence et massacres de Tutsis perpétrés par des extrémistes hutus dans le sud du pays. Le 29 avril 1972, une insurrection conduite par des Hutus membres de la gendarmerie a débuté dans les villes de Rumonge et Nyanza-Lac non loin de la frontière Tanzanienne. Selon de nombreux témoins oculaires, les Hutus se sont livrés à de massacres d'une violence extrême exterminant systématiquement tous les Tutsis et même des Hutus modérés. On estime qu'au courant de cette brève insurrection 2 000 à 3 000 personnes ont été tuées avant que le Président Micombero ne déclare la loi martiale, décrète à nouveau le couvre-feu de 18 h à l'aube et commence le massacre organisé et systématique de tous les Hutus éduqués, des élites hutues, des universitaires et des militaires hutus. Un de mes amis, professeur à l'Université de

---

[1] Voir également le *Mémorandum sur les massacres répétitifs des Hutu au Burundi* par le Mouvement pour la Paix et la Démocratie (MPD)

Bujumbura a été témoin d'arrestations ciblées d'étudiants hutus en plein cours.
Quand cette répression sanglante et impitoyable, clairement orchestrée et perpétrée par l'armée, était sur le point de s'achever, l'armée contrôlée par les Tutsis a ensuite procédé à des éliminations de Hutus au sein de la population et à l'arrestation et au massacre de tous les étudiants hutus âgés de 12 à 18 ans. Le but poursuivi par le gouvernement tutsi était clair et cynique. Il fallait éliminer virtuellement toute une strate de la classe éduquée ou scolarisée hutue afin que la minorité tutsie puisse continuer à gouverner le pays sans partage. C'est notamment cette purification « ethnique » des écoles qui a amené les observateurs de l'époque, comme Lemarchand (1996)[2], à parler de génocide ou plus exactement de « génocide sélectif ». Le carnage a éradiqué environ 5 % de la communauté hutue en l'espace de trois mois. En d'autres termes 200 000[3] à 300 000 Hutus[4] ont été tués ou ont disparu dans la répression tutsie. Il a également été estimé qu'approximativement 500 000 Hutus se sont réfugiés au Zaïre, Rwanda et Tanzanie où de larges camps de réfugiés furent établis.
Pendant cette période troublée, les nuits de Bujumbura d'habitude si calmes pendant le couvre-feu imposé par le gouvernement ont fait l'objet d'une circulation intense de camions de tous types comportant quelques camions militaires mais surtout beaucoup de camions privés. Quel étrange et insolite ballet motorisé que de nombreux témoins oculaires dont je faisais partie ont eu le triste privilège de voir. Les langues se sont déliées quant à l'origine de ces camions privés. La plupart provenaient de commerçants d'origine pakistanaise dont les camions, qui servaient d'habitude au transport du café, avaient été réquisitionnés par l'armée. Quant au contenu des camions les suppositions allaient bon train, mais nul n'en avait bien entendu la certitude.
Un jour cependant, j'ai quittai la maison plus tôt que d'habitude pour me rendre dans ma station. J'avais de nombreuses observations rizicoles à faire et je souhaitais débuter ce travail dès le levé du jour. Il était cinq heures du matin, et le couvre-feu venait d'être levé. J'ai pris la route de l'aérodrome que j'ai laissé sur ma gauche puis me suis engagé sur la route nationale menant à la frontière du Zaïre. Au bout de quelques kilomètres j'ai pris sur ma droite une piste peu fréquentée et menant directement à la

---

[2] Lemarchand, René. *Burundi Ethnic Conflict and Genocide.*
[3] Estimation du Secrétaire Général des Nations Unies Kurt Waldheim Voir aussi Eggers, Ellen K. *Historical Dictionary of Burundi.*
[4] Estimation des opposants hutus.

station. Il me restait approximativement quinze kilomètres à parcourir. Soudain, j'ai aperçu sur ma droite deux camions-bennes vides revenant d'une piste fraichement ouverte sillonnée de traces de larges pneus et de chaines de bulldozers. Quel spectacle insolite dans ce lieu généralement si calme vide de toute population et d'activité. Les camions ayant repris la route de Bujumbura, la curiosité m'a poussé à m'engager sur cette piste. J'ai parcouru quelques centaines de mètres puis j'ai découvert un spectacle que je ne pourrai jamais oublier tant il levait le voile sur le sort de tous ces disparus. J'ai découvert ce que je pensais être la dernière demeure de nombre de ces morts. C'était plus que probablement des charniers dans lesquels avaient été « enterrés » les corps d'innombrables d'êtres humains sans le moindre égard. Des bulldozers avaient creusé d'immenses fosses qui n'avaient aucune raison d'être dans un lieu si reculé. Certaines fosses étaient recouvertes de terre fraîche, d'autres étaient ouvertes et prêtent à l'emploi. L'odeur qui se dégageait de ces fosses laissait planer peu de doute quant à leur utilisation. Il s'agissait de charniers, ce qui corrobore les observations des auteurs du livre *Burundi 1972, au bord des génocides* « qui avaient remarqué que les autorités à tous les niveaux géraient des charniers »[5]. Les jours suivants, j'ai d'ailleurs eu la confirmation indirecte de mes observations. En effet lors de visites ultérieures, j'ai constaté que les fosses ouvertes avaient été refermées tandis que d'autres avaient été creusées. Plus de place au doute ; les autorités géraient bien des charniers. Et quand je pense à ces charniers, je ne puis m'empêcher de penser à tous ces noms qui n'ont plus de visages.

J'écoute ma conscience

À cette époque, j'assurais aussi l'intérim de la gestion de la station d'élevage de la Ruzizi située en bordure de la rivière du même nom à une quinzaine de kilomètres de la station de l'Imbo, La Ruzizi délimite la frontière du Burundi avec l'actuel Congo. Tous les matins je prenais ma Renault R4 de fonction pour me rendre dans ma station de l'Imbo. Je partais vers six heures de la maison et prenais au passage mon agronome Nicolas qui m'attendait au coin de l'ex-palais royal. Ensemble nous nous rendions à la station afin

---

[5] Chrétien, Jean-Pierre ; Dupaquier, Jean-François. *Burundi 1972, au bord des génocides.*

d'être sur place aux environs de sept heures. Mon agronome était hutu mais de mère tutsie.

Juin 1972. Un matin du ce mois de juin, j'ai retrouvé Nicolas à l'endroit habituel. De toute évidence il était affolé. Il est monté dans la voiture et me dit que des soldats étaient venus le chercher à la maison ce matin vers trois heures, qu'il avait pu sauter *in extremis* par la fenêtre arrière car il dormait tout habillé du fait des fréquentes rafles opérées par l'armée et depuis il errait dans le quartier. Il a ajouté qu'il ne pouvait pas retourner chez lui car les soldats le tueraient s'ils le trouvaient comme ils le faisaient avec toutes les élites hutues. Il m'a demandé de l'aider à se sauver. Il m'a suggéré de l'emmener avec moi à la station d'élevage où il était cependant totalement inconnu et de lui donner n'importe quel travail pour la journée. Ensuite, me dit-il, il se débrouillerait. J'avais bien entendu compris qu'il essaierait de profiter de cette occasion pour essayer de franchir le fleuve Ruzizi afin de rejoindre le Zaïre. Je savais que cette traversée éventuelle n'était bien entendu pas sans risques car le fleuve était non seulement infesté de crocodiles mais l'armée y faisait régulièrement des patrouilles. J'ai démarré et n'ai pas hésité une seconde pour lui faire part de ma décision. Je lui ai dis que je ferais un maximum pour essayer de le sauver tout en sachant pertinemment bien que si l'on découvrait que j'avais assisté un Hutu recherché par les militaires à fuir le Burundi, je risquais ma vie et dans le meilleur des cas je m'exposais à une peine de prison ou à une expulsion immédiate du pays. Pendant que je conduisais je réfléchissais à la stratégie que j'adopterais afin de n'éveiller aucun soupçon lorsque j'introduirais Nicolas auprès des responsables et travailleurs de la station. Les idées se bousculaient dans mon esprit.et le temps pressait.
Nous roulions depuis une demi-heure et je me suis engagé sur une petite piste sablonneuse menant à la station, Il me restait quelques kilomètres à parcourir. J'avais arrêté ma stratégie et la partageai avec Nicolas afin qu'il ne soit pas surpris lorsque nous allions nous trouver face aux travailleurs. Arrivés sur place, nous sommes descendus de la voiture puis j'ai présenté Nicolas au chef de station et à son équipe. Ensuite, le plus naturellement du monde mais avec l'autorité requise, j'ai dit à Nicolas d'aller me chercher dans le hangar le théodolite, instrument de topographie, de prendre des mires et dix hommes et de me faire le relevé du périmètre. J'ai rajouté que je comptais sur lui pour que le travail soit terminé à quinze heures lorsque je viendrais le reprendre. Puis, je suis remonté dans ma voiture et ai pris la route de la station de l'Imbo

distante d'environ quinze kilomètres. Toute la journée je n'ai pas cessé de penser aux directives que j'avais données le matin pour essayer de permettre à Nicolas de fuir au Zaïre et je me posais plein de questions. Un des travailleurs allait-il soupçonner quelque chose ? Dans l'affirmative, les militaires auraient-ils été contactés et Nicolas arrêté ou tué ? Et si Nicolas avait réussi à prendre la fuite dans le but de traverser la Ruzizi et rejoindre le Zaïre, les soupçons ne se poseraient-ils pas sur moi lorsque je reviendrais à la station ? Je devais me préparer à toute éventualité. Je suis revenu au périmètre aux environs de 15 heures et me suis enquis le plus naturellement du déroulement du travail. Un des chefs d'équipe me dit cependant que le travail n'était pas terminé car « Monsieur Nicolas avait disparu pendant la pose de midi ». J'ai feint d'être courroucé par cet incident, posé plusieurs questions relatives à la disparition de Nicolas puis, constatant que personne ne semblait être au courant de ce qui s'était réellement passé, j'ai repris le chemin de retour. De retour à Bujumbura, j'ai annoncé la disparition de Nicolas à ma direction puis me suis rendu au Commissariat de police pour faire une déposition afin que les choses soient les plus transparentes possibles. J'ai effectivement passé une bonne heure au Commissariat et en suis ressorti avec la promesse que cette disparition serait investiguée. Effectivement, un commissaire s'est rendu sur place quelques jours après la disparition de Nicolas, a posé de nombreuses questions aux travailleurs ayant participé au relevé topographique, puis m'a dit qu'il poursuivrait l'enquête afin de tenter d'élucider cette disparition. Pendant les mois qui ont suivi cette disparition et jusqu'à la fin de mon séjour au Burundi, je n'ai plus entendu parler d'enquête ni de Nicolas. Bien évidemment je n'arrêtais pas de me poser de nombreuses questions quant au sort de Nicolas. Ces questions sont restées sans réponse pendant sept longues années jusqu'en 1979 lorsque je suis revenu à Bujumbura dans le cadre d'un travail de consultance. C'est au cours de cette visite que j'ai appris la vérité dont je vous parle plus loin dans ce livre.

X – L'APRES GENOCIDE

Le devoir de mémoire

Cette période que je qualifie d'après génocide a aussi été celle qui a marqué la fin de notre expatriation au Burundi que nous avons quitté définitivement en septembre 1974. Lorsque le génocide a été sur le point de se terminer en août 1972, il n'y avait plus qu'un seul infirmier hutu pour le pays tout entier et seuls quelques milliers de Hutus de l'école secondaire avaient échappé au massacre[1,2] En décembre 1972, l'Agence des États-Unis pour le développement international (USAID) a d'ailleurs conclu que du point de vue humain, le Burundi a été le pire des désastres qui a eu lieu en 1972[3].

Le génocide de 1972 tout comme les massacres de 1965 ont été peu médiatisés dans la presse mais ont laissé une marque permanente dans ma mémoire tout comme dans la mémoire collective de la population hutue tant au Burundi que dans les pays avoisinants et en particulier au Rwanda. La tension accrue entre le Burundi et le Rwanda a engendré de nombreux incidents de frontière occasionnés par des infiltrations d'extrémistes hutus venant du Rwanda et des massacres de l'armée burundaise à titre de répression. Ces épisodes ont radicalisé des éléments de la population hutue du Rwanda mis sous pression par des militants tutsis connus sous le nom de Front patriotique rwandais. Le génocide de 1994 perpétré par les Hutus au Rwanda et qui a fait près de 800 000 morts selon l'ONU a probablement été la résultante de cette radicalisation.

En 1993, peu de temps avant le génocide rwandais, la guerre civile a éclaté au Burundi. Elle s'est étalée sur douze années. Cette guerre qui a ravagé le pays a fait l'objet de nombreuses publications[4]. Par conséquent je ne m'étends pas sur cette terrible tragédie si ce n'est de rappeler qu'elle a fait quelques 300 000

---

[1] Eggers, Ellen K. *Op. cit.*
[2] Emerson, R. 1975. 'The Faith of Human Rights in the Third World'. *World Politics*. Vol. 27. No. 2. pp.201-226.
[3] Eggers, Ellen K. *Op. cit.*
[4] Voir notamment les travaux de Prunier, 1994, Reyntjens, 1995, Lemarchand, 1996 et Ndkimumana, 2005.

morts et plus de 500 000 réfugiés dans la quasi-indifférence internationale. Le Burundi démuni de ressources de valeur et de réserve en gaz ou de pétrole n'intéresse malheureusement pas les pays riches et ne justifie aucune intervention de leur part comme ce fût le cas lors des interventions récentes dans des pays hautement plus stratégiques. Le livre de l'ambassadeur américain Robert Krueger et de son épouse[5] offre un témoignage poignant du génocide qui s'est déroulé au Burundi. Au risque de sa vie, Robert Krueger a eu le mérite de dévoiler la vérité à la Communauté internationale en faisant ouvrir des tombes et en interrogeant des survivants.

Le livre de Peter Uvin[6] est aussi d'un intérêt tout particulier car il complémente les justifications classiques de cette guerre civile qui mettent essentiellement l'accent sur la compétition de l'élite nationale pour le pouvoir politique et les avantages qui y sont associés. Les compléments d'informations de Peter Uvin portent notamment sur la dynamique de radicalisation et dé radicalisation ; le rôle des élites dans la dissémination de la violence ; le rôle de l'insécurité et l'injustice ou le grief ressenti par la population. J'aimerais apporter à cette analyse un élément complémentaire et combien important à mes yeux, élément que j'appellerai « les conséquences socio-psychologiques durables du traumatisme subi à titre individuel ou collectif ». En effet au cours de mes onze années passées au Burundi et des missions que j'ai faites par la suite, j'ai eu l'opportunité de me familiariser avec la vie de la population rurale essentiellement hutue et de mieux appréhender les problèmes que cette population rencontrait et les sentiments qu'elle ressentait. Ces informations je les ai obtenues non pas par le biais d'entrevues structurées mais par un long processus d'établissement de liens de confiance menant au dialogue. Au cours de celui-ci, je n'avais pas de questions précises. Mon but était d'amener mes interlocuteurs à s'ouvrir et à se confier à moi. J'ai dialogué avec des hommes, des femmes, des enfants et des vieillards. Je discutais avec eux devant leur *rugo*, maison traditionnelle burundaise, ou à l'intérieur de ce dernier, dans leur champs, sur les marchés ou dans les plantations.
C'est ainsi que les conséquences socio-psychologiques durables du traumatisme subi me sont apparues comme un élément moteur qui s'est progressivement développé après les représailles de 1965

[5] Krueger, Ambassadeur Robert ; Tobin Krueger, Kathleen. *From Bloodshed to Hope in Burundi. Our Embassy Years during Genocide.*
[6] Uvin, Peter. *Life after Violence. A people's Story of Burundi.*

pour culminer après le génocide de 1972. Ces conséquences socio-psychologiques sont à associer au *devoir de mémoire*[7] inculqué en particulier aux enfants. Que de fois n'ai-je entendu au cours de mes visites les parents dirent à leur enfants et famille proche qu'il ne fallait pas enterrer le souvenir des souffrances et les traumatismes subis dans le passé, qu'il ne fallait pas oublier les victimes et sévices encourus. La confirmation de ce que j'ai entendu lors de mes visites m'a été donnée dans le livre de Tracy Kidder[8] lorsque Deo, un Tutsi rwandais dont la vie fait l'objet du livre, a répondu à la question posée par l'auteur : « quand je lui ai demandé combien de temps il pensait que cela prendrait au Hutus et Tutsis d'oublier, il a répondu : cela prendra probablement le temps qui reste à la terre »[9].

Une des difficultés de ce *devoir de mémoire* est lié au fait que les victimes d'actes graves ont souvent dans un premier temps, voire toute leur vie des difficultés à parler de ce qu'elles ont vécu, sans pour autant que le traumatisme puisse être réellement oublié ou ne pas avoir de conséquences socio-psychologiques durables. Le philosophe Paul Ricœur définit effectivement le *devoir de mémoire* comme une « mémoire obligée », une sorte d'« injonction à se souvenir », qui ne peut se comprendre que par rapport « aux événements horribles » auquel il fait référence et qui n'a de sens que par rapport « à la difficulté ressentie par la communauté nationale, ou par des parties blessées du corps politique, à faire mémoire de ces événements de manière apaisée ».[10] Selon moi la difficulté à faire mémoire des évènements subis est un des éléments expliquant d'une part le génocide sélectif de 1972 qui faisait suite à une grande période d'instabilité après les événements de 1965, et d'autre part la guerre civile qui débuta en 1993. En effet comment oublier au sein d'une famille ou d'une collectivité de manière apaisée que toute une tranche d'âge de la population hutue et quasi toute son élite a été massacrée en 1972 ? Les historiens ne reconnaissent-ils pas la nécessité de la

---

[7]. La notion ou l'expression de *devoir de mémoire*, telle qu'apparue en France au début des années 1990, désigne un devoir moral attribué à des États d'entretenir le souvenir des souffrances subies dans le passé par certaines catégories de la population. Par rapport à la tradition du droit public et de la guerre, il s'oppose à l'amnistie qui impose l'oubli dans un souci d'apaisement.

[8] Kidder, Tracy. *Strength in What Remains: A Journey of Remembrance and Forgiveness.*

[9] Traduction de la version anglaise par l'auteur.

[10] Ricœur, Paul. *La mémoire, l'histoire, l'oubli.*

mémoire tout en mettant en garde contre l'abus d'une « injonction à se souvenir ».
Et pourtant la vie a repris son cours lorsque le génocide s'est arrêté en fin août 1972. Mais cette vie, je la ressentais comme bien artificielle car les événements de 1965 et la perte de tout mon cadre burundais et le génocide de 1972 et ses charniers restaient omniprésents dans mon esprit. Si mon dialogue avec la communauté burundaise a été d'une richesse inouïe, celui que j'ai eu avec la communauté expatriée a par contre été des plus stériles. En effet, peu d'expatriés se sont rendu compte si ce n'est au travers de la presse bien contrôlée ou de oui dires de l'ampleur de ce qui s'était passé et des conséquences futures de ces évènements. Peu s'en sont soucié d'ailleurs car pour beaucoup il existait un cloisonnement, voulu ou non, entre leur vie et celle du peuple burundais. Couvre-feu ou pas couvre-feu, la vie, les soirées, les piqueniques sur les bords du lac Tanganyika, et les activités sportives avaient rapidement repris le dessus.

Le Club philanthropique et les feux de signalisation

Septembre 1972. Un Club philanthropique fort actif au Burundi et connu notamment pour ses œuvres de bienfaisance et organisations sportives a décidé de diversifier ses activités. C'est ainsi qu'il a proposé à la mairie de Bujumbura de financer la mise en place des feux de signalisation à l'intersection de la rue Pierre Ngendandumwe et du boulevard Patrice Lumumba[11]. Le maire a trouvé l'idée originale et progressiste car Bujumbura ne disposait d'aucun feu de signalisation. L'autorisation a été donnée et les travaux ont débuté accompagnés d'une intense campagne de sensibilisation bien nécessaire pour cette première. Trois mois après le début des travaux, les autorités ont procédé en grande pompe à l'inauguration de ces feux qui de fait ne réglaient strictement rien et ralentissaient au contraire la circulation ! Si la circulation de l'avenue Patrice Lumumba était relativement dense en journée, celle de la rue Pierre Ngendandumwe où nous habitions et où se trouvait aussi la clinique Prince Rwagasore ne l'était pas. Durant la nuit, cette rue était d'ailleurs pratiquement déserte. Il ne fallait donc pas être devin pour prévoir que vu l'indiscipline notoire des conducteurs à Bujumbura et la nouveauté des feux de

[11] Noms actuels.

signalisation, certains conducteurs n'y prêteraient guère attention. Et l'accident inéluctable est arrivé mais plutôt que l'on aurait pu se l'imaginer. Moins de 24 heures après l'inauguration, vers onze heures du soir, un véhicule a ignoré le feu rouge alors qu'un autre véhicule descendait de la rue Pierre Ngendandumwe pourtant généralement déserte à cette heure. Le choc fut effroyable et les deux conducteurs ne bénéficièrent même pas de la proximité de l'hôpital situé 200 m avant ce fameux croisement car ils sont morts sur le coup. Cet accident a mis prématurément fin de l'expérience de ces feux de signalisation qui ont fait pendant une journée la fierté de la ville de Bujumbura. Lors de ma récente visite au Burundi que j'évoque plus loin dans ce livre, j'ai d'ailleurs pu constater que ce Club philanthropique avait de la suite dans les idées. En effet, après la courte expérience désastreuse des feux, ils sont devenus plus pragmatiques et ont fait dons à la mairie de Bujumbura de classiques signaux stops dont sont équipés plusieurs carrefours à Bujumbura. Heureusement que la sagesse a prévalu et ces signaux ne sont placés qu'à deux des quatre coins du carrefour et non pas aux quatre coins comme c'est fréquemment le cas aux États-Unis où l'on ne badine pas avec la discipline routière et où les conducteurs passent sagement à tour de rôle en marquant clairement un stop. Ce concept est bien entendu inapplicable au Burundi.

Le président Micombero, un passionné du football de table

Octobre 1972. Nadine et moi dinions tranquillement au restaurant de l'Entente sportive. Il était onze heures du soir. Soudain, le patron est venu me chercher en me dit qu'il y avait un appel téléphonique important pour moi. Je me suis levé pour me diriger vers le comptoir afin de prendre la communication. À l'autre bout du fil, notre ami et voisin, Christian me dit de le rejoindre tout de suite chez lui car il fallait absolument une quatrième personne pour jouer au football de table avec le président Micombero ! Il m'a prévenu de ne surtout pas passer par la haie séparant les deux maisons, ce que avions l'habitude de faire lorsque nous nous visitions particulièrement en période de couvre-feu, car il y avait des soldats dans le jardin et ils risqueraient de me tirer dessus ! Vraiment charmant comme invitation ! Ma première réaction a été de penser à un canular car Christian faisait partie de ces personnes faisant fréquemment des blagues et pouvant en raconter pendant des heures. Puis sachant que Christian et le Président étaient fort amis et aimaient lever le coude ensemble, une pratique assidue du Président, j'ai pris la décision de me rendre à ce bien étrange rendez-vous. J'ai déposé Nadine à la maison puis me suis dirigé à pied vers l'entrée principale du jardin de Christian Des soldats montaient la garde à l'entrée ce qui me confirmait que l'invitation n'était nullement une blague. Après m'avoir questionné, ils m'ont laissé rentrer. Le spectacle que j'ai découvert m'a laissé pantois. Une automitrailleuse, tous phares allumés était parquée dans l'allée tandis que des soldats gardaient l'allée et les abords du jardin. Heureusement que mon ami m'avait prévenu de ne pas passer par notre haie mitoyenne ! Je me suis avancé dans l'allée, fut accueilli par mon ami, puis introduit auprès du Président. Ce dernier déjà passablement éméché me dit qu'il avait eu oui dire que j'étais un grand amateur de football de table. Je lui ai répondu modestement que j'appréciais fort ce jeu que j'avais beaucoup pratiqué lorsque j'étais étudiant et que j'étais bien entendu prêt à faire le quatrième. De fait, lorsque j'étais étudiant j'avais effectivement beaucoup joué en club à Bruxelles et avait été classé parmi les bons juniors belges. Il était une heure du matin lorsque nous avons commencé à jouer et très vite je me suis rendu compte que le niveau du Président et de son partenaire n'était pas des plus relevés. Sous l'effet de la boisson que le Président appréciait tout particulièrement, ce niveau a considérablement baissé au fil du temps. Au bout de trois heures, l'équipe du Président n'avait toujours pas gagné un match ! Profitant d'une pause, mon ami m'a alors diplomatiquement suggéré de baisser quelque peu le rythme afin de laisser le Président gagner ! Nous avons exécuté cette stratégie à la perfection et le Président nous a quittés vers cinq heures du matin satisfait de ses brillantes performances !

Le conducteur sans véhicule

Novembre 1972. Cet ancien conducteur de camion, victime d'un très grave accident de la route quelques années auparavant, avait gardé d'importantes séquelles cérébrales de son accident. Il disposait par contre de toutes ses facultés motrices et avait également conservé des souvenirs précis de conduite. Il était connu de tout Bujumbura et « conduisait » un camion fictif dans toutes las artères principales de la ville. Il « conduisait » parfaitement dans le flot de la circulation, tenant son volant à deux mains, marquant les changements de vitesse, s'arrêtant aux croisements importants et signalant par un signe de bras qu'il s'apprêtait à tourner à gauche ou à droite. Souvent on le voyait aussi discuter avec un aide chauffeur tout aussi imaginaire que son camion. En effet tout conducteur de camion ou de bus au Burundi dispose d'un aide chauffeur responsable d'assister le conducteur à toutes tâches non liées à la conduite. Il avait ainsi « conduit » pendant plusieurs années sans accident. Un jour cependant, tournant à gauche, il a été renversé par un conducteur distrait et est mort sur le coup. Bujumbura avait perdu son conducteur fétiche. Plus jamais son camion imaginaire n'arpentera la ville de Bujumbura. Une assistance très nombreuse lui a témoigné sa sympathie en participant à ses funérailles organisées avec le concours de la ville.

Ma passion du rugby

Décembre 1972. Depuis notre relocalisation à Bujumbura, je m'étais remis à jouer au rugby que j'avais pratiqué à l'université. Tous les samedis l'équipe de Bujumbura dont je faisais partie s'entrainait ou jouait un match amical contre une équipe locale voir une équipe rwandaise ou zaïroise. Tous les samedis, il y avait des blessés, heureusement légers, car les équipes adverses tout comme la notre d'ailleurs étaient souvent composées des joueurs inexpérimentées qui étaient à l'origine de nombreuses fautes. Je me souviens que Nadine me disait continuellement que ce sport était de l'hérésie ! Et puis mon tour est venu une après midi de décembre 1972. Je me rappelle comme si c'était hier de ce grave accident dont j'ai été victime et au cours duquel mon tibia et péroné se sont brisés suite à un coup de pied direct de mon adversaire maladroit qui voulant frapper sur le ballon l'a manqué mais il n'a pas manqué ma jambe. J'entends encore ce craquement de branche morte lorsque les os se sont brisés. Je me suis retrouvé au sol avec le bas de la jambe pendant lamentablement et formant un angle droit avec la partie haute. On m'a transporté à dos d'homme car il n'y avait bien entendu pas de brancard et placé à l'arrière d'une camionnette. C'est ainsi que j'ai fait le trajet du terrain jusqu'à la clinique Rwagasore, non loin de chez nous. Nadine a été prévenue que l'on m'avait transporté à l'hôpital tandis que le chirurgien, le seul de Bujumbura, est arrivé une l'heure après l'accident. Il a décidé de ne pas m'opérer immédiatement vu que la double fracture n'était heureusement pas ouverte. Il a réduit la fracture puis m'a mis la jambe dans le plâtre jusqu'au haut de la cuisse. Le lendemain j'ai pu rentrer à la maison, couché sur un lit roulant avec obligation de limiter mes mouvements au strict minimum pendant une période de quinze jours afin que le processus de calcification puisse se dérouler sans que les os ne bougent. Deux semaines après l'accident, j'ai subi une radiographie de contrôle qui ne laissait place à aucun doute. Les os avaient bougé et l'opération était inévitable. Si le chirurgien nous donnait toute confiance, il n'en était pas de même des conditions d'hygiène et d'aseptisation au sein de l'hôpital et des soins postopératoires. Le risque infectieux n'était par conséquent pas à négliger. Un homme de mon âge avait d'ailleurs eu un accident similaire au mien deux ans auparavant et avait été opéré afin de lui placer une broche dans le tibia. Suite à cette opération, il a développé une infection de l'os extrêmement difficile à guérir. Le malheureux a subi cinq autres opérations en deux ans et en a gardé de sérieuses séquelles. Malgré les assurances du chirurgien que nous connaissions bien et malgré mes vaines protestations, Nadine a pris la très sage décision de me renvoyer immédiatement en Belgique afin que l'on puisse m'opérer dans des conditions optimales. La veille de mon départ de Bujumbura, soucieux de reprendre le travail au plus vite, j'avais demandé à ma direction que l'on achète une banquette arrière pour ma camionnette Renault R4 de service, afin que je puisse être conduit par mon chauffeur sur mon lieu de travail dans la station de l'Imbo dès que je serais de retour. Puis j'ai pris l'avion pour Bruxelles, jambe plâtrée jusqu'au haut de la cuisse. Mon voyage a été loin d'être évident car il est difficile de caser une jambe toute raide en classe économique. Par contre le coté humoristique de ce voyage me fait encore sourire. En effet, je défie à quiconque d'essayer de rentrer avec une jambe plâtrée jusqu'au haut de la cuisse dans une toilette d'avion. Par conséquent, il fallu qu'une hôtesse garde le couloir d'accès lorsque nécessaire !

Janvier 1973. Arrivé à Bruxelles j'ai été accueilli par mes beaux parents et j'ai passé ma première semaine à voir trois chirurgiens qui m'ont donné trois avis différents ! Le premier était pour l'immobilisation complète pendant une période de deux à trois mois après réduction de fractures mais sans opération tandis que les deux autres étaient en faveur de l'opération selon des modalités différentes. J'étais confronté à un choix cornélien dont je me serais bien passé. J'ai écarté la première option car je devais rentrer au plus vite au Burundi si je ne voulais pas perdre ma place pour absence prolongée. J'ai donc opté pour l'opération dans un hôpital universitaire où pratiquait un chirurgien fort connu et qui m'avait été hautement recommandé. L'opération s'est parfaitement déroulée avec fixations d'une plaque de consolidation et de vis que je porte d'ailleurs toujours et qui se manifestent encore de temps à autre en fonction de la sensibilité des détecteurs métalliques dans les aéroports. Quinze jours plus tard j'ai reçu le feu vert pour repartir au Burundi.

Mon retour au Burundi

Janvier 1973. Lorsque je suis revenu à Bujumbura et que j'ai repris mon travail, j'ai rapidement pu constater qu'il n'était pas évident de s'introduire à l'arrière de ma R4 ni d'en ressortir. Il était encore moins évident encore de se déplacer avec des béquilles dans la station par une chaleur de 35 à 40 °C et surtout de marcher sur les diguettes des rizières sous eau, diguettes irrégulières dont la largeur ne dépassait pas 60 cm. Je ne pouvais pas me permettre une chute mais je n'avais pas le choix. Bien vite, je suis devenu un expert dans la manipulation des béquilles dans les rizières ce qui a d'ailleurs fait l'étonnement de mes travailleurs. Le soir en rentrant à la maison, j'étais bien entendu fourbu et sans ressources et n'aspirais qu'à m'étendre sur mon lit roulant et ne plus en bouger. Je décomptais les jours car le chirurgien à Bruxelles m'avait dit qu'au bout de deux mois je pourrais normalement être déplâtré et commencer ma rééducation. Et pourtant les choses ne se sont pas passées ainsi. En effet quinze jours après mon retour lors de ma première visite chez le chirurgien, ce dernier a remarqué immédiatement que le plâtre n'avait pas été fait correctement à Bruxelles car mon pied ne formait pas un angle droit avec l'axe de la jambe. Il m'a alors avisé que si l'on ne remettait pas mon pied dans la position normale, je boiterais à vie. Après avoir enlevé mon plâtre, l'opération de réalignement a donc été effectuée ce qui a engendré un retard substantiel dans le processus de calcification. Je suis donc resté quatre mois dans le plâtre avant de pouvoir entamer les séances de kinésithérapie. Je me souviens d'ailleurs que les africains me regardaient souvent avec un air narquois et m'avaient d'ailleurs donné en riant et me pointant du doigt le surnom de *mzungu maskini* expression swahili qui se traduit par *pauvre blanc*, ou *blanc handicapé*. Le mot *maskini* est d'ailleurs utilisé fréquemment par blancs et noirs pour désigner la cohorte de mendiants handicapés regroupés aux endroits fréquentés tels la poste ou le grand magasin de la ville. Alors un blanc se déplaçant en béquilles à l'image de ces pauvres malheureux valait bien des quolibets !

Ma chasse dans la plaine du Mosso

La plaine du Mosso est une dépression qui s'étend sur une longueur d'à peu près 300 kilomètres le long de la frontière sud-est du pays et qui commence au lac Tanganyika. C'est une zone d'altitude intermédiaire oscillant entre 1 000 et 1 500 m. Elle est bordée de versants déchirés de failles profondes et jalonnée d'un grand nombre de dépressions inondées régulièrement en périodes pluviales. La faune y était particulièrement riche et abondait en éléphants, antilopes, élans du Cap, et en énormes troupeaux de buffles. Pour les chasseurs, le Mosso était donc un lieu fort prisé. Quant à la végétation elle était constituée de savanes arborées, de galeries forestières et de nombreux marais de papyrus dont la hauteur pouvait atteindre trois à quatre mètres et où se complaisaient de nombreux serpents. C'est ce décor peu hospitalier qui a été le cadre de ma première mais aussi de ma dernière chasse au gros gibier.

Novembre 1973. Un ami m'a demandé si j'étais intéressé de l'accompagner chasser dans la plaine du Mosso. Bien que non-chasseur et n'ayant aucune expérience, je me suis embarqué de manière totalement inconsciente dans cette aventure. En effet, on ne s'improvise pas chasseur de grands gibiers, tels les buffles ou éléphants qui peuvent s'avérer être extrêmement dangereux lorsqu'ils se sentent menacés. De plus, la moindre des précautions aurait été d'être convenablement armé ce qui n'a pas été mon cas puisque je ne disposais que d'une carabine 12 mm, arme bien trop légère pour ce genre de chasse. Mon ami, bien que chasseur averti, n'était pas mieux équipé, car son arme gros calibre s'était enrayée la veille. Dès le départ nous étions dans une situation non-gagnante. Il aurait mieux valu partir à la chasse au petit gibier que de s'aventurer dans cette périlleuse aventure. Malgré les risques bien évidents nous avons cependant décidé de tenter cette aventure folle. Accompagnés d'un pisteur, nous avons quitté notre gîte de passage où nous logions et sommes partis à pied à trois heures du matin vers la zone de chasse. Sous les étoiles qui scintillaient dans un ciel d'une pureté étonnante, nous nous sommes dirigés vers les marais que nous avons atteints avant l'aube. Au lever du jour, la plaine du Mosso était enfoncée dans la brume qui s'est dissipée progressivement au lever du soleil. Après environ trois heures d'observation et de progression silencieuse, nous avons aperçu un éléphant solitaire à environ 500 m de notre point d'observation. Afin de ne pas éveiller ses soupçons nous avons décidé de le contourner tout en gardant le soleil dans le dos pour ne pas être éblouis et le vent face à nous. En effet, si l'éléphant n'a pas la vue très développée, son odorat et son ouïe sont en revanche excellents. Le plus léger bruissement suffit à éveiller l'attention de l'animal et un bruit de branche brisée le rend inquiet. Son odorat atteint la perfection et lui permet de flairer l'ennemi à très grande distance et aucun chasseur ne peut l'approcher s'il se déplace avec le vent dans le dos. Face à l'éléphant, c'est le principe de survie en milieu hostile qui prévaut. Il faut s'en souvenir à tout moment car l'imprévu et le danger ne sont pas rares. Rompu à toutes situations, notre pisteur devait nous préserver de mauvaises surprises afin que notre chasse ne se transforme pas en un mauvais souvenir. Au bout de deux heures de marche éreintante dans les marais gorgés d'eau, nous n'étions plus qu'à 250 m de ce pachyderme. Apparemment il ne nous avait pas détectés. Soudain, il a agité ses oreilles de manière assez significative, ce qui est un signe d'inquiétude. Puis, après un puissant barrissement, il s'est enfoncé dans ces marais à papyrus et a disparu rapidement de notre vue. Cependant, grâce à notre pisteur, nous sommes parvenus à retrouver son sillage que nous avons suivi pendant plus de cinq heures. Le sol du marais était inégal et notre progression était difficile et épuisante. Souvent nous avions de l'eau jusqu'à mi-cuisse et notre seul horizon se limitait au sillage tracé par cet éléphant car les papyrus atteignaient plus de quatre mètres de hauteur et bloquaient toute vue. De temps à autre nous profitions d'un point surélevé du marais pour avoir une meilleure vue, mais elle restait cependant limitée. Nous avancions en file indienne, le pisteur en premier, mon ami en second et moi en dernier. Notre progression était pleine de risques car si l'animal se sentait menacé il pouvait faire face au danger, nous attendre, puis charger. Au bout de ces cinq heures angoissantes, toujours aucun signe de notre éléphant. Tout d'un coup, j'ai vu le pisteur faire un bond sur sa droite, plonger dans l'eau et disparaître de ma vue. Puis tout s'est passé extrêmement rapidement. Le passage de l'éléphant, plus ou moins rectiligne jusqu'alors, faisait maintenant un brusque angle droit. Nous nous sommes alors prudemment engagé dans cette bretelle et avons immédiatement aperçu la tête du pachyderme à environ trente mètres de nous. Le temps de voir la trompe de l'animal se relever, ses oreilles déployées et agitées d'un battement, signe que l'animal ressentait une présence et un danger imminent, il a barri, baissé sa tête et a chargé. J'ai l'ai immédiatement perdu de vue et n'ai pas hésité à plonger dans l'eau vers la gauche. Et puis le temps m'a paru interminable. La terre a tremblé, et le bruit s'est rapproché j'ai eu le temps d'imaginer le pire. Il est passé à quelques mètres de moi puis le bruit s'est dissipé. Je me suis relevé et j'ai aperçu mon ami, tout aussi choqué que moi. Il m'a dit qu'il avait eu la possibilité de tirer vu la distance extrêmement réduite le séparant de l'animal. Il ne l'a cependant pas fait par crainte de ne pas tuer l'animal sur le coup ce qui aurait très certainement signifié notre perte. En effet, l'animal blessé et furieux aurait très certainement fait demi-tour pour chercher ses agresseurs et les piétiner comme l'ont fait d'autres éléphants dans des circonstances similaires. Nous avions eu beaucoup de chance de sortir vivants de cette périlleuse situation.

Avant de rebrousser chemin car le jour n'allait pas tarder à décliner, nous avons cherché sans succès notre pisteur. Il nous avait visiblement abandonné à notre sort. Il était trois heures de l'après-midi et nous sommes repartis en sens inverse empruntant le même passage que nous avions suivi à l'aller. Au bout de plus de deux heures de marche éreintante nous étions sortis de la partie inondée des marais pour aborder la galerie forestière. Un autre danger nous y attendait. Dans une clairière, nous avons soudain aperçu à environ 200 m un troupeau d'une quarantaine de buffles caffer qui avaient l'habitude de passer les heures chaudes de la journée dans ces galeries forestières. Le buffle caffer, que l'on rencontre en Afrique de l'Est et en Australie est, contrairement au buffle des savanes répandu en Afrique de l'Ouest, le plus imposant de tous les buffles. Sa taille au garrot peut atteindre un mètre soixante pour un poids compris en 650 et 800 kg. Sous un air de ruminant paisible le buffle est un des animaux les plus dangereux et redoutables. Farouche, jaloux de son territoire, le troupeau entier peut charger s'il se sent menacé. Le plus grand danger est en fait le caractère imprévisible de cet animal. De plus, d'une endurance inouïe et d'une agressivité réelle, l'animal ne tombe pas aisément et bien des guides et des chasseurs ne sont plus là pour en parler ! Alors méfiance et prudence ! Nous avons opté pour la sagesse et la précaution, car la nuit tombait rapidement et il aurait été suicidaire de tenter une action quelconque. Nous avions échappé de fort peu à la charge de l'éléphant que nous avions pisté car nous avions pénétré dans son territoire. Mais ce miracle ne se reproduirait peut-être pas deux fois.

Contournant la clairière, nous avons rejoint notre gîte après une journée de seize heures de marche. La nuit enveloppait déjà les marais et galeries forestières et progressivement les bruits de jour firent place à ceux de la nuit profonde. Cette journée de chasse a été inoubliable. Inoubliable car la progression dans les marais pleins de danger, la rencontre soudaine avec un pachyderme, suivie par celle d'un troupeau de buffles a quelque chose de magique et d'envoutant. Mais cette journée a aussi marqué un tournant dans ma vie. Elle m'a fait prendre conscience que les plus belles chasses peuvent aussi être celles du pistage et de la photo, que les plus belles chasses ne sont pas nécessairement celles qui se terminent par la mort de son adversaire. Qu'y a t' il de glorieux à abattre un animal de loin sans s'y être confronté ? Ce n'est pas plus glorieux que de tirer sur une vache dans un couloir. J'ai décidé de laisser cela aux autres car des autres il y en aura malheureusement toujours. Cette journée a été ma première et dernière chasse au gros gibier et ma dernière chasse à tout gibier.

Notre dernier voyage au Parc National des Virunga

Août 1974. Depuis longtemps nous avions décidé de rentrer en Belgique quand les constructions dans la plaine de l'Imbo seraient terminées. Ce moment était arrivé. En juin 1974 à la fin de l'année scolaire Nadine et Karin sont rentrés en Belgique. Eric et moi sommes restés jusqu'au début de septembre. Cela me permettait d'emballer et d'expédier tous nos biens en Belgique. De plus je désirais terminer et exploiter certains essais agronomiques que j'avais mis en place. Mi-août, la maison étant quasi vide, Eric et moi avons alors entamé les préparatifs de notre dernier voyage hors du Burundi, voyage qui devait nous mener au parc national de Virunga, *volcan* en swahili, au Zaïre. Ce parc, qui faisait partie avant l'indépendance du Congo en 1960 du parc national Albert, est situé à environ 20 kilomètres de la ville frontière de Goma au Congo actuel. Il inclut les flancs d'une chaîne volcanique comportant notamment les volcans actifs Nyamuragira, *celui qui commande*, et Nyiragongo, *celui qui fume*, Ce dernier porte bien son nom car le jour on peut distinguer des nuages de fumée blanche s'échappant de son cratère tandis que la nuit des cendres incandescentes illuminent le ciel. Ce volcan est célèbre pour avoir détruit lors de son éruption de 2002 environ 40 % de la ville de Goma. Il est contigu du Parc national des montagnes du Ruwenzori[12], et du Parc national des volcans au Rwanda.

Pour ce voyage, je disposais de ma Fiat 128. Cette voiture à traction avant se comporte de manière remarquable dans les conditions boueuses mais souffre d'une garde au sol faible. J'avais par conséquent fait rehausser la caisse de l'auto et protéger le carter d'huile car nous risquions de rencontrer un grand nombre d'ornières profondes sur les routes du parc qui, m'avait t'on dit, étaient fort dégradées du fait du manque d'entretien commun à toutes les routes du Zaïre. La voiture prête, nous sommes partis en direction de la frontière du Rwanda puis de Gisenyi, une ville située sur la rive nord du lac Kivu. Situé à une altitude de 1 470 m, le lac Kivu est le plus élevé d'Afrique. Son socle repose sur une crevasse dont les bords s'écartent progressivement ce qui est à l'origine d'importantes activités volcaniques dans la région et le rends particulièrement profond puisqu'il atteint une profondeur de 480 m ce qui en fait le 15ème au monde. Il possède aussi une caractéristique très particulière en ce sens qu'il fait partie des trois lacs au monde contenant d'importantes quantités de dioxyde de carbone dissoutes dans ses eaux profondes, les deux autres étant

---

[12] Ptolémée assimilait les montagnes du Ruwenzori aux montagnes de la lune et émit l'hypothèse que le Nil y prenait sa source. Sa *Géographie* fut jusqu'au XVIe siècle le guide de tous les voyageurs.

les lacs Nyos et Monoum au Cameroun[13]. Arrivés en début de soirée à Gisenyi nous sommes repartis le lendemain pour faire les cinq kilomètres séparant Gisenyi de Goma. Les formalités de frontières se sont déroulées sans encombre et nous avons repris la route en direction du Nyiragongo distant d'environ quinze kilomètres. Au pied du Nyiragongo, se trouve l'un des derniers sanctuaires animaliers de la planète avec ses gorilles des montagnes rendus célèbres grâce à Diana Fossey[14]. Comme il était interdit d'aller voir les gorilles avec un mineur, nous avons parcourus les parties basses du volcan et du parc pour y découvrir une variété extraordinaire d'animaux sauvages, probablement une des plus grandes concentrations existant en Afrique avant le début de la guerre civile en 1997. Lors de notre visite, le Parc comprenait encore de nombreuses pistes plus ou moins balisées et partant de la piste principale. Nous n'avions pas de guide et ces pistes secondaires nous appartenaient. Par contre les profondes ornières caractéristiques de ces pistes non entretenues nous posaient de réels problèmes car elles ne correspondaient pas à l'écartement des roues de ma Fiat. Cette dernière renâclait un peu dans ces ornières, passait courageusement dans la boue et par endroits était obligée de se frayer un chemin dans un tunnel de végétation. Notre vitesse tombait souvent sous cinq kilomètres à l'heure et je n'osais penser à ce qui nous serait arrivé si nous étions restés embourbés ou coincés dans une ornière car tout au long de notre parcours nous n'avons croisé personne. Nous étions seuls parmi les animaux sauvages incluant de nombreuses antilopes, des phacochères, des buffles et des éléphants majestueux. Nous nous sommes d'ailleurs longuement arrêtés pour observer ces derniers de notre véhicule. Puis Eric est descendu de voiture pour s'en approcher à une trentaine de mètres. Les éléphants semblaient intrigués par ce petit bonhomme les approchant tandis que leurs oreilles continuellement en mouvement trahissaient un certain énervement. Pourtant ils me semblaient si calmes si paisibles que

---

[13] Le lac Kivu est par ailleurs l'un des lacs identifiés susceptibles d'éruptions limniques avec les lacs Monoum et Nyos au Cameroun. En 1986, le lac Nyos, a d'ailleurs explosé et libéré environ un kilomètre cube de dioxyde de carbone qui a haute concentration provoque un arrêt respiratoire causant la mort de 1 746 morts retrouvés dans un paysage quasi intact, tandis que plus de 3 000 personnes ont dû quitter leurs maisons et ont été regroupées dans des camps. (Source Wikipedia)

[14] Zoologiste américaine rendue célèbre pour avoir étudié pendant une période de 18 ans la vie des gorilles du Rwanda. Elle fut assassinée en 1985 et ce meurtre n'a toujours pas été élucidé.

jamais il me m'est venu à l'idée qu'ils auraient pu charger. Nous avons bénéficié d'un spectacle extraordinaire, inouï, fort osé et dangereux je le confesse et qu'il serait impossible de répéter de nos jours du fait de la nécessité d'être guidé et accompagné. Nous avons profité du Parc comme nulle part ailleurs, nous offrant une expérience beaucoup plus proche de la nature sauvage, de la brousse, de la jungle avec l'excitation et le danger qu'elles comportent.

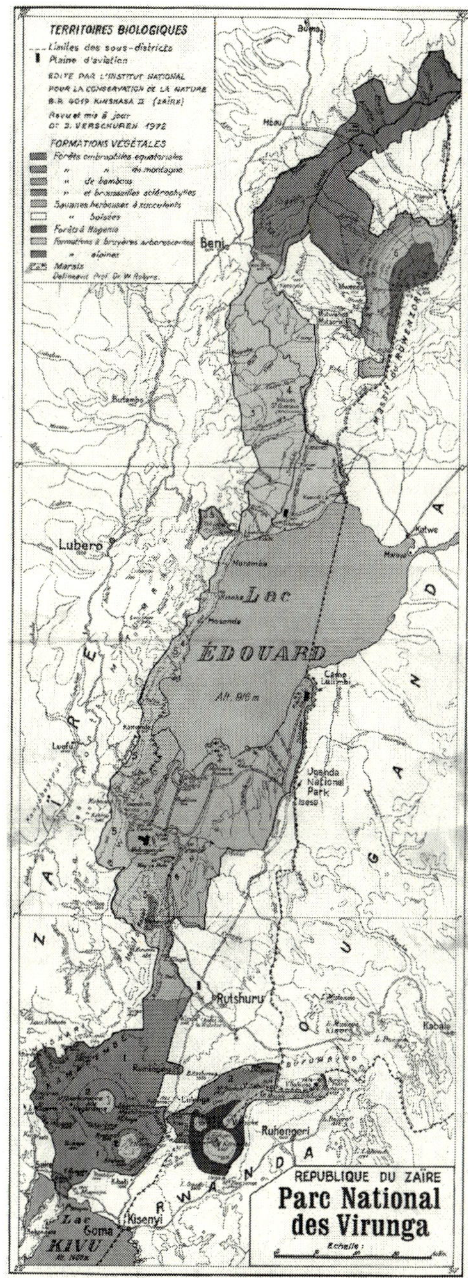

Parc National des Virunga

Traversée d'une rivière en bac

Une piste du parc

Eric et les éléphants

Nous avons ensuite continué notre lente progression vers l'hôtel de la Rwindi qui se trouve à environ trois heures de voiture de Goma. C'est à cet endroit que nous avons eu cette chance inouïe de rencontrer cet extraordinaire personnage qu'était Jean-Pierre Hallet. Décédé début 2004, ce personnage atypique était reconnu internationalement pour ses qualités d'humaniste, de sociologue, d'agronome et d'ethnologue. M. Hallet était un aventurier légendaire qui perdit sa main droite en dynamitant du poisson dans le lac Tanganyika afin de nourrir une population affamée de pygmées Mosso au Burundi. Il est aussi, et surtout, connu pour le travail inlassable qu'il mena pour la préservation de la vie et culture des pygmées Efe de la forêt de l'Ituri au Congo actuel. Nous sommes restés avec lui un long moment partageant nos expériences agronomiques des tropiques et l'écoutant surtout parler de sa vie extraordinaire qu'il a menée de manière indépendante. Personne d'autre n'avait cette connaissance de l'Afrique en général et des pygmées en particulier. Nous avons eu le privilège de rencontrer cet homme d'un charisme incroyable dont le livre *Congo kitabu: a giant amongst pygmies*[15] reste un de mes préférés dans le domaine de la vie africaine telle que perçue par un expatrié.

[15] Traduit de l'anglais sous le titre de *Congo des Magiciens*.

Puis en disant un suprême adieu à ces paysages incomparables et cette faune si riche, nous avons repris le chemin de retour en direction de Bujumbura, Une dernière surprise nous attendait pourtant. Alors que nous nous apprêtions à franchir le poste frontière du Rwanda séparé de celui du Burundi par un long pont enjambant la rivière de la Kanyaru, un douanier est sorti de son abri en tôle et pour nous signaler que la frontière était fermée au trafic de midi à deux heures de l'après-midi et qu'il nous faudrait patienter. À ma montre il n'était pourtant que onze heures et demi mais que faire ? Je n'allais pas argumenter sur l'heure car cela n'aurait servi de toute façon à rien si ce n'est de l'irriter. Je n'ai cependant pas baissé les bras sachant qu'en Afrique on peut souvent « s'arranger ». J'ai donc suivi le douanier qui retournait à son abri et j'ai eu la surprise de voir les douaniers du Rwanda et du Burundi occupés à jouer ce jeu de société africain passionnant appelé *kisoro* en swahili ou *urubugu* en kirundi et qui se joue généralement avec des graines d'un arbre connu sous le nom de savonnier. Les douaniers ont alors interrompu leur jeu relevé par de la Primus, cette fameuse bière burundaise et m'ont questionné sur le but de ma visite. Je leur ai alors demandé s'il était possible de mettre un cachet sur nos passeports et de nous laisser passer car mon fils et moi étions fort fatigués après un très long périple. Un douanier burundais m'a répondu que le cachet dont j'avais besoin pour rentrer au Burundi se trouvait malheureusement dans leur abri de l'autre côté du pont et qu'il n'avait pas l'intention de s'y rendre avant l'ouverture de la frontière. Je pensais donc que je devrais patienter jusqu'à deux heures de l'après-midi. À ma grande surprise, cependant, le douanier a ajouté qu'il comprenait que nous soyons fatigués, qu'il allait ouvrir la barrière et que je n'aurais qu'à me rendre dans leur abri et tamponner nos passeports. Je n'en croyais pas mes yeux, leur ai offert quelques bières avant de m'aventurer sur le pont puis mettre les cachets appropriés sur nos passeports avant de rentrer au Burundi. Cette histoire couronna de manière humoristique notre magnifique voyage Dix jours plus tard nous prenions l'avion pour la Belgique et une nouvelle phase dans la vie.

XI – Quelques annees plus tard

Une immersion différente

Octobre 1978. Je suis retourné au Burundi pour une période de 6 mois dans le cadre d'un travail de consultance. Le contexte politique avait changé car Micombero, renversé par le coup d'État du 1er novembre 1976 avait disparu de la vie politique et avait été remplacé par le colonel Bagaza. Ce dernier est devenu président de la seconde République le 10 novembre 1976. Micombero a passé trois ans en résidence surveillée à Ngozi dans le nord du pays avant d'être exilé à Mogadishu en Somalie où il est mort en 1983 à l'âge de 46 ans dans des conditions que certains trouvent suspectes.

Le lac Cyohoha

Lors de mon retour, mon point d'attache pour mon travail a été la partie sud du lac Cyohoha. Ce dernier est situé à une altitude de 1 350 m au nord-est du Burundi à 300 kilomètres environ de Bujumbura et à 20 kilomètres de la petite ville de Kirundo. Ce lac d'une superficie de 60 kilomètres² se prolonge au Rwanda et fait partie d'une série de sept lacs dont le lac Rwihinda. Ce dernier qui est connu sous le nom de *lac aux oiseaux*, est renommé pour sa réserve ornithologique et est le seul lac au Burundi ayant bénéficié d'un statut de protection.[1] Le lac Cyohoha qui est d'une beauté physique peu commune a une forme allongée et très découpée et est composé de huit grands bras et d'une série de petits bras rattachés à un couloir central. Il comprend un îlot central appelé *akagwa*, des îlots secondaires flottants[2] appelés *ibishinga*, qui se déplacent dans le lac au gré du vent. Les côtés sont souvent élevés et abruptes et le fond dur. Ce lac est un peu le bout du monde pour les gens de la capitale et c'est bien ainsi que je l'ai ressenti puisqu'à l'époque toutes les routes étaient en terre depuis le lac

[1] Il constitue le lieu de passage et d'hibernation pour les oiseaux migrateurs, soit environ 20 espèces. Ces oiseaux viennent d'Europe, arrivent sur le site en décembre et y retournent en avril.

[2] Il s'agit d'îlots tourbeux flottants, très différents des ravissantes îles flottantes artificielles Uros sur le lac Titicaca que j'ai eu l'occasion de visiter.

jusqu'à Bugarama soit 270 kilomètres environ avant de plonger sur Bujumbura par la route asphaltée. Il fallait plus de six heures pimentées d'ornières et de cahots pour parcourir les 300 kilomètres reliant mon gîte situé sur les berges du lac à la capitale.

J'avais loué sur le budget du projet dont j'étais responsable une gîte situé à 20 m du lac et comportant six modestes chambres et une salle de séjour. À l'extérieur nous disposions d'une douche alimentée par l'eau du lac et d'un petit groupe électrogène que nous faisions tourner quelques heures le soir. Le décor était paradisiaque mais la vie n'était guère facile. En effet, les consultants qui travaillaient avec moi ne venaient que pour des courtes périodes pour exécuter des taches bien spécifiques. Au gré des va-et-vient de ces consultants, je me retrouvais souvent seul dans mon gîte au bord du lac. Je me sentais seul au monde face au lac.

Le Lac Cyohoha

Je côtoie des hippopotames

Le soir dans ma solitude j'ai cependant fréquemment eu la visite de quelques compagnons forts volumineux et bruyants qui se manifestaient généralement lorsque le jour déclinait. En effet le lac abritait quelques hippopotames qui, la nuit tombante, sortaient de l'eau à grand bruits pour aller brouter les champs des indigènes. Un hippopotame ingère jusqu'à cinquante kilos de végétation par jour et s'il ne trouve pas suffisamment d'herbes sur son passage, il peut dévaster un champ entier de cultures légumières en quelques heures. Pour les éloigner les paysans faisaient à tour de rôle des veilles toute la nuit en frappant sur des futs d'essence vides. Malgré ces précautions les dégâts aux cultures étaient malheureusement souvent considérables. Le jour les hippopotames restent dans l'eau car ils n'ont pas de glandes sudoripares et ne transpirent donc pas. Du fait de leur masse importante, puisqu'ils peuvent atteindre quatre tonnes, ils sont très vulnérables à la chaleur. D'aspect placide dans l'eau, les hippopotames sont cependant redoutés par la plupart des animaux, y compris le crocodile du Nil. En Afrique ils sont responsables du plus grand nombre d'accidents mortels chez l'homme. Ils sont particulièrement dangereux le soir et la nuit lorsqu'ils vont brouter sur les berges. Il est alors recommandé de ne pas se trouver entre ces mammifères et le plan d'eau car l'hippopotame peut charger sur terre à une vitesse de 30 kilomètres/h.

Mon compagnon de natation

La présence de ces volumineux mammifères me posait de gros problèmes car nager dans ce lac faisait partie de mon quotidien. Malgré le danger, je nageais tous les jours environ deux kilomètres. Je prenais soin de m'éloigner rapidement des côtes car les pêcheurs m'avaient dit que nos hippopotames passaient la journée non loin des berges et préféraient les eaux boueuses. Cela me semblait parfaitement logique puisque leur garde-manger n'était pas trop loin. J'avais néanmoins pris certaines précautions en postant un gardien sur la plage afin qu'à mon retour vers la berge il puisse me signaler la présence éventuelle de nos amis aquatiques. Dans ce cas je devais attendre à une centaine mètres des ces volumineux compagnons afin qu'ils daignent se déplacer. J'étais cependant confronté à un dilemme car ils plongeaient régulièrement et réapparaissaient à quelques centaines de mètres de leur point de plongée. Les hippopotames ont en effet cette particularité de pouvoir fermer leurs naseaux et rester complètement immergés pendant dix min ce qui rend difficile leur localisation après plongée Alors, j'attendais, livré à moi-même scrutant l'eau et les remous précurseurs de leur remontée à la surface. À plusieurs reprises d'ailleurs je me suis fait fort peur mais rien je pense n'aurait pu m'empêcher de nager dans ce magnifique lac.

Et pas seulement des hippopotames

Ce ne sont pas les hippopotames qui ont eu raison de ma santé mais la bilharziose ou schistosomiase qui est la seconde endémie parasitaire mondiale après le paludisme. Cette maladie chronique et débilitante est causée par un ver hématophage, le schistosome dont l'hôte intermédiaire est un escargot d'eau douce. J'avais évité les hippopotames mais n'avais pas échappé à ce ver qui se nourrit de sang. Alors que ma longue mission se terminait et que je m'apprêtais à rentrer en Belgique, je me suis senti soudain fébrile et manquant d'énergie. Quelques semaines après mon retour en Belgique, j'ai développé une forte fièvre accompagnée de tremblements, de toux et de douleurs musculaires qui ont nécessité un séjour dans le centre hospitalier tropical à Anvers. Les examens ont révélé que j'étais atteint de bilharziose. À l'époque, en dehors des dérivés d'antimoine qui connaissaient quelques succès, seul le niridazole, une nouvelle drogue très toxique pour l'humain et en particulier pour le système nerveux, était disponible. Je ne me souviens plus du traitement qui m'a été administré pendant sept jours mais je me souviens que quelques heures après la prise de ma première dose de traitement, mes bonnes intentions de lecture de dossiers avec lesquels je devais me familiariser pour me préparer à ma mission suivante, s'évanouirent tant le traitement était dur à supporter. Et ce traitement dura sept jours !

Mes retrouvailles avec Nicolas

Juin 1979. Au cours de ce mois je suis retourné au Burundi dans le cadre d'une autre mission de consultance de trois mois environ. Mon point d'attache était Bujumbura. Un soir, je me suis rendu dans un restaurant située au bord du lac Tanganyika. Je me suis installé au bar avant d'aller diner et regardais autour de moi afin de voir si je n'apercevais pas des connaissances de notre premier séjour au Burundi. Tout d'un coup mon regard s'est posé sur un visage familier que j'ai longuement dévisagé. Comme cette personne était de profil et assise, il n'a pas été facile d'identifier avec toute la certitude voulue cette personne qui pourtant me semblait extrêmement familière. Puis, soudain, j'ai acquis la certitude qu'il s'agissait de Nicolas qui sans mon assistance en 1972 ne serait probablement plus de ce monde. Je n'ai pas hésité et me suis approché de lui. Il m'a reconnu instantanément et nous sommes tombés dans les bras l'un de l'autre devant des regards qui ne pouvaient comprendre ce qui nous reliait. Nous sommes restés enlacés longtemps pris par l'émotion. Puis nous nous sommes assis à une table à l'abri d'oreilles indiscrètes et il m'a raconté son extraordinaire aventure. Apres l'avoir quitté dans la station d'élevage et lui avoir donné des instructions précises quant au travail à accomplir il s'est mis au travail avec les ouvriers qui devaient l'assister. Tout se déroulait normalement mais il était difficile, me dit-il, de faire semblant de s'éloigner des travailleurs afin de mettre son plan de traversée de la Ruzizi à exécution. Il fallait être extrêmement prudent pour ne pas éveiller la suspicion des travailleurs qui ne le connaissaient pas et semblaient particulièrement méfiants. C'était une réaction normale dans un climat tendu de chasse à la sorcière. Finalement lors de la pause de midi, il a eu l'opportunité de s'éloigner du groupe. Il a marché une bonne heure en direction de la Ruzizi car il savait qu'il y avait des passeurs permettant de la traverser moyennant contribution financière élevée. Après avoir atteint la rivière et l'avoir longée pendant plus de deux heures il a finalement rencontré une embarcation. La délivrance était proche et une demi heure après il se trouvait l'autre côté de la rivière au Zaïre. Il était sauvé mais son avenir restait des plus obscurs. Il a marché dans la brousse pendant cinq longues journées en direction de Bukavu où il a vécu en tant que réfugié pendant sept années gagnant sa vie avec de menus travaux. Début 1979, constatant que la gestion politique des réfugiés burundais n'était pas à l'agenda du gouvernement zaïrois, et que les tensions ethniques entre les populations locales et les refugiés croissaient de jour en jour, il a décidé de prendre le risque calculé de rentrer au pays. Il pensait que sa vie y serait moins exposée qu'elle ne l'était au Zaïre. Il me dit qu'il avait tout perdu, ses biens, son travail et qu'il était sans nouvelles de nombreux membres de sa famille, mais que la vie continuait et qu'il gardait malgré tout l'espoir d'une vie meilleure. Au bout de deux heures de discussion, nous nous sommes quittés comme deux frères. Aujourd'hui, plus de trente ans après notre dernière rencontre je pense toujours à lui et me pose beaucoup de question à l'aube de mon voyage de retour au Burundi. Environ 500 000 burundais ont fui le Burundi après le début de la guerre civile en 1993. Ils ont trouvé refuge en Tanzanie ou au Congo actuel. Puis, ils ont commencé à retourner dans leur pays depuis janvier 2002. Quand à Nicolas, où est-il, est-il vivant, est-il retourné au pays ? Je doute qu'un jour j'aurai réponse à ces questions. Jamais cependant, on ne m'enlèvera le bonheur du devoir accompli, celui d'avoir contribué à sauver un être humain d'une mort certaine.

La confrontation de deux points de vue

Fin 1980 j'ai été engagé par la Banque mondiale à Washington. Pendant mes 21 années de carrière dans le développement rural au sein de cette organisation j'ai eu l'opportunité de parcourir le monde en me concentrant cependant sur certains pays d'Afrique francophone et d'Asie du Sud-est. Le Burundi ne faisait cependant pas partie de mes responsabilités régulières. J'y restais cependant profondément attaché et considérais ce pays comme ma seconde patrie Comment ne pas l'être après y avoir vécu onze ans et y avoir effectué de nombreuses missions par la suite. J'avais d'ailleurs placé sur un des murs de mon bureau une magnifique affiche du Burundi montrant les fameux tambourinaires. Je continuais aussi à suivre le développement politique et économique du pays et y suis retourné pour la dernière fois pour une courte mission en 1989.

Mi-1990, alors que j'étais affecté depuis peu à la région Asie du Sud-est, le directeur de cette région est venu me voir dans mon bureau. Après avoir fait le point sur différents problèmes liés aux pays dont je m'occupais, il eu son attention attirée par mon affiche et m'a demandé pourquoi je l'avais placée sur mon mur. Je lui ai donné mes raisons évoquant notamment les longues années que j'avais passées dans ce pays. J'ai continué mon explication en lui disant que ce séjour m'avait, je pense, permis d'accumuler une certaine expérience de terrain et de mieux comprendre les relations humaines fort complexes entre les différentes ethnies. Je savais bien entendu que le Burundi était fort courtisé à cette époque par la Banque mondiale qui considérait les performances de démocratisation de ce pays comme prometteuses. Je n'ai donc pas été surpris lorsque mon directeur m'a demandé ce que je pensais de l'évolution future du Burundi. Je lui ai répondu qu'en dépit d'indicateurs très positifs de développement économique et du sérieux montré par le gouvernement à entamer un processus de démocratisation, je n'étais pas particulièrement optimiste quant au futur du Burundi. Je lui ai notamment dit que les contacts que j'avais eus avec la population pendant mon expatriation et mes visites ultérieures m'inclinaient à penser que la quiétude n'était nullement revenue dans les campagnes. Selon moi il me semblait évident que la mémoire des sévices endurés par les populations hutue et tutsie lors des génocides de 1965 et 1972 et par les Tutsis lors des massacres d'août 1988 à Ntega et Murangara dans le nord du pays était loin de s'estomper. Pour terminer je lui ai dit que je ne pensais pas que la présente embellie perdurerait. Mon directeur n'a même pas pris le temps d'essayer de comprendre les arguments que j'avançais et m'a simplement rétorqué que je n'étais qu'un pessimiste. Avant de nous quitter, je n'ai cependant pas pu m'empêcher de lui dire que nous avions effectivement deux opinions diamétralement opposées du futur du Burundi, l'une basée sur l'expérience de terrain et les contacts avec la population et l'autre reposant sur des chiffres économiques et contacts gouvernementaux. J'ai conclus en lui disant qu'il aurait certes été intéressant de discuter de ces points de vue de manière plus approfondie mais que vu l'absence de dialogue, seul l'avenir trancherait. Deux ans après notre entretien la guerre civile a éclaté fin 1993. Cette guerre a duré douze ans et a laissé le pays exsangue. Par la suite, j'ai eu bien entendu maintes occasions de revoir mon directeur, mais jamais l'argument que nous avions eu en 1990 concernant le futur du Burundi n'a été invoqué ! J'aurais bien entendu préféré que son opinion prévale et que ce conflit meurtrier n'ait jamais eu lieu.

XII – Un retour aux sources

Pourquoi ce livre

Au cours des trente dernières années j'ai eu maintes fois l'occasion de conter certains aspects de qu'a été notre fascinante vie au Burundi, et celle non moins fascinante de mes visites ultérieures. Au fil des récits et questions posées, d'autres souvenirs sont venus complémenter les premiers. C'est ainsi que j'ai pris la décision de consolider en un récit l'histoire de notre vie et de mes visites ultérieures dans ce lointain pays que j'affectionne tout particulièrement.
Depuis ma dernière visite fin 1989, j'ai continué à m'intéresser de très près au développement politico-économique du Burundi qui comme nous l'avons vu est caractérisé par un long passé de violence, de coups d'États, d'assassinats et de massacres. Le 10 juillet 1993, marqua cependant un tournant historique dans l'histoire du Burundi car Melchior Ndadaye, est devenu le premier président Hutu élu démocratiquement. Cette embellie a malheureusement été de très courte durée car trois mois après son arrivée au pouvoir, le nouveau président a été assassiné par des extrémistes tutsis. Il repose à l'emplacement de l'ancien palais royal. Ce tragique évènement a marqué le point de départ d'une guerre civile qui s'est étalée de 1993 à 2006. Au cours de cette longue période, les combats entre l'armée, dominée par les Tutsis, et divers mouvements rebelles hutus, ont fait quelque 300 000 morts, essentiellement des civils, selon les Nations unies et la fuite de plus de 500 000 réfugiés soit environ 8 % de la population. Ce conflit a entraîné une instabilité ethnique dans la région qui a crée un terrain fertile pour le génocide de 1994 au Rwanda et a plongé le Congo voisin dans le chaos. De plus la situation économique s'est fortement dégradée pendant ce conflit et a été aggravée par l'embargo consécutif au second coup d'État du Président Buyoya en 1997.

Pendant toute la guerre civile, les Burundais ont vécu en insécurité permanente, la famine a envahi le pays, les médicaments manquaient, le sucre était en pénurie, les populations vivaient regroupées dans des camps de déplacés, le minerval scolaire était devenu insupportable pour les familles modestes, et le fonctionnaire moyen ne parvenait plus à nouer les deux bouts en fin de mois. Le pouvoir en place n'avait pas la volonté politique de trouver une solution à la guerre qui frappait le pays, ainsi qu'à la recrudescence des fléaux comme la faim, le sida, et le paludisme.

19 août 2005. Cette date marque l'élection de Pierre Nkurunziza comme nouveau président du Burundi. Cet ancien rebelle, fils d'une mère tutsie et d'un père hutu, a perdu son père dans les grands massacres des Hutus de 1972. Il a rejoint le maquis après avoir échappé d'un cheveu à un ratissage anti-Hutu à l'université de Bujumbura au cours de cette même année. Pierre Nkurunziza a apporté une bouffée d'espoir sur la région des Grands Lacs. Selon certaines sources[1,2] cependant, le climat politique au Burundi s'est immédiatement dégradé après l'élection du nouveau gouvernement. Ce dernier a procédé à l'arrestation de ceux qui le critiquaient, muselé la presse, commis des abus contre les droits de l'Homme et a renforcé son contrôle sur l'économie. Par la suite, le Burundi a pourtant fait de progrès substantiels dans le domaine de la démocratie et l'apaisement des tensions interethniques[3] et, en 2009, le processus de paix fut consolidé[4]. Le 8 juillet 2010, la cour constitutionnelle a validé l`élection présidentielle du 28 juin de la même année qui a conféré au président sortant, seul candidat à se présenter à sa propre succession, un deuxième mandat de cinq ans. Le Burundi est aujourd'hui encore convalescent de cette décennie de guerre civile qui a littéralement ruiné le tissu socio-économique du pays et précipité plus de 68 % de sa population en-dessous du seuil de pauvreté, selon les Nations unies.
Le contexte politique semblait évoluer favorablement selon les sources officielles et les impressions positives que j'ai recueillies auprès de certaines connaissances ayant visité le Burundi à titre officiel ou privé. Ceci a renforcé mon désir de retourner au Burundi afin de clôturer mon livre par une appréciation personnelle de la situation. Nadine m'encourageant fortement à effectuer ce voyage qui me tenait tant à cœur, j'ai entamé fin 2010 toutes les démarches administratives et sanitaires nécessaires. Après avoir fait toutes les vaccinations et acheté les médicaments prophylactiques nécessaires à Bruxelles vu les prix exorbitants pratiqués aux États-Unis pour une prophylaxie similaire, j'ai fait ma demande de visa en utilisant le formulaire disponible sur le site

---

[1] ICG. *Burundi: Democracy and Peace at Risk.*
[2] SwissPeace. "Burundi's Endangered Transition," FAST Country Risk Profile.
[3] ICG. *Burundi: Finalising Peace with the FNL.*
[4] ICG. *Burundi: To Integrate the FNL Successfully.*

internet de l'ambassade du Burundi à Washington. Ensuite je me suis rendu à l'ambassade pour constater qu'il n'était guère facile de s'y introduire. En dépit de mes coups de sonnette répétés, personne n'est venu m'ouvrir. La porte restait désespérément close. J'ai demandé à un employé qui sortait d'une autre ambassade située sur le même palier si l'ambassade du Burundi était bien ouverte. Il m'a répondu par l'affirmative tout en me signalant que la sonnette ne fonctionnait plus depuis un certain temps et qu'il fallait frapper fort à la porte. À ma grande gêne, il a mis ses dires à exécution de manière bruyante et la porte s'est ouverte. Je suis rentré dans l'ambassade tout en m'excusant du bruit et ai remis mon document. La préposée aux passeports m'a confirmé que la sonnette était bien cassée depuis quelques temps puis a examiné ma demande de visa. Elle me la rendue tout aussitôt en me disant que ce n'était pas le bon formulaire car ce dernier avait récemment été modifié mais le site de l'ambassade duquel j'avais tiré mon document ne l'avait pas encore été ! Je me replongeais sans plus attendre dans un circuit administratif qui ne m'était que trop familier ! J'ai donc été obligé de revenir à l'ambassade avec le nouveau document de demande de visa dûment rempli mais aussi avec des documents complémentaires tels réservation avion, réservation hôtel, et contacts sur place. Je n'ai pas eu de problèmes à fournir ces documents mais je me demande toujours comment font les visiteurs désirant se rendre au Burundi sans réservation hôtel et sans contacts sur place. Une dernière surprise m'attendait au moment de payer mon visa. En effet, j'ai pu constater que le prix du visa était différent en fonction des nationalités et était deux fois plus cher pour un citoyen américain que pour un citoyen belge. J'aurais bien évidemment pu utiliser mon passeport belge pour éviter ce surcout mais j'ai renoncé à le faire faute de temps.

Burundi, 17 novembre 2010. Par une nuit noire et sans nuages, l'avion entamait son approche finale vers l'aéroport de Bujumbura où il allait atterrir quelques minutes plus tard. Il était huit heures du soir. J'étais nerveux comme s'il s'agissait d'une première visite dans un pays qui m'était inconnu. Pourtant habitué aux voyages aux quatre coins du monde, jamais je n'ai ressenti ce sentiment qui me transcendait, un sentiment de bonheur et de curiosité, mêlé à une certaine angoisse de revoir ce pays que nous avons tant aimé. J'étais bien conscient cependant que le Burundi que j'avais connu avait bien changé après plus de douze années de guerre civile et d'instabilité permanente. La descente se prolongeait et j'ai été surpris, pourtant je n'aurais pas du l'être, de constater

l'absence de lumières tout au long de cette descente au-dessus de la campagne burundaise. Les ténèbres régnaient sur la campagne tout comme ils avaient régné depuis l'origine des temps. Ce n'est qu'à proximité de la piste d'atterrissage de Bujumbura, que j'ai perçu enfin les lumières de la ville de Bujumbura et de ses magnifiques collines surplombant le majestueux lac Tanganyika ainsi que celles des phares des quelques rares voitures qui circulaient.
À l'arrivée dans l'aéroport assez défraîchi, une première contrainte administrative m'attendait. Avant de passer au contrôle des passeports proprement dit, il y avait un premier contrôle pour vérifier si le document d'immigration très détaillé qui nous avait été donné dans l'avion était correctement rempli. L'officier d'immigration chargé de cette tâche nous a indiqué que le document qui nous avait été donné dans l'avion n'était plus valable et qu'il fallait en remplir un autre. L'histoire de l'ambassade se répétait ! Ce nouveau document, comme l'a d'ailleurs fait remarquer un passager courroucé à un des officiers d'immigration, était similaire au premier du point de vue contenu mais différait seulement par sa couleur et présentation. La logique de ce changement qui n'ajoute effectivement rien aux renseignements demandés précédemment m'échappe encore. Après le contrôle des bagages, le taxi de l'hôtel où j'avais effectué ma réservation devait normalement m'attendre. Il brillait cependant par son absence et j'ai du négocier le prix de la course avec un autre taxi. Cette négociation a tardé quelque peu car il y avait trois chauffeurs qui se disputaient le client potentiel ! Finalement, je suis monté dans un vétuste taxi pour me rendre à l'hôtel. Tout au long du parcours, étrangement silencieux du fait de la quasi-absence de circulation, les souvenirs se bousculaient dans ma tête. Je me sentais chez moi.

Bujumbura

À mon arrivée à l'hôtel, nouvelle surprise. Le réceptionniste ne trouvait pas mon nom sur la liste des réservations et il n'y avait plus de chambre disponible ! À près de dix heures du soir et 24 heures de voyage, je n'avais vraiment pas envie de me mettre à la recherche d'un hypothétique hôtel. Finalement après une lecture plus approfondie du registre des réservations, le réceptionniste constata que j'étais enregistré sous mon prénom !

Le lendemain, j'ai pris un taxi pour me rendre dans le centre-ville distant d'environ dix min de l'hôtel. Je tremblais d'excitation. Le taxi m'a déposé au début de l'avenue Prince Louis Rwagasore qui est l'une des artères principales de Bujumbura. Puis j'ai arpenté la ville pendant plus de quatre heures et j'ai fait de même les jours suivants J'avais tant de choses à découvrir ou redécouvrir. J'étais heureux. J'ai tout d'abord été surpris de constater que j'étais pratiquement le seul blanc à arpenter la ville à pied. Je me sentais pourtant totalement en sécurité. Par rapport à la situation de pré-guerre, j'ai été étonné de constater la densité élevée de la population dans la ville en générale et dans le centre en particulier. En effet, la population totale de Bujumbura est actuellement estimée à 400 000 habitants alors qu'elle n'était que de 200 000 avant la guerre. Cette explosion démographique qui est essentiellement due à un fort courant migratoire provenant des campagnes, a eu pour conséquence d'accroître sensiblement le nombre de mendiants, de désœuvrés, et de pickpockets. Lors de mes promenades ces détrousseurs m'ont d'ailleurs fait découvrir leur talentueuse expertise. Cette dernière montra cependant ses limites lors d'une deuxième tentative dont j'ai été victime. Son auteur a, malheureusement pour lui, été pris non pas la main dans le sac mais bien la main dans la poche. Il avait effectivement inséré trois doigts dans la poche de mon jean et s'apprêtait à subtiliser mon second téléphone portable que je venais d'acheter puisque le premier avait disparu le premier jour de ma visite. Comme j'étais sur le qui-vive après ce qui m'étais arrivé la veille, j'ai perçu un très léger frôlement dans ma poche, et ai attrapé sa main, lui ai retourné e bras et l'ai fait tomber au sol devant une foule médusée qui n'arrêtait pas de scander « Oh voleur, oh voleur ! » Je l'ai maintenu par terre pendant un long moment puis je l'ai relâché et il s'est enfui sous les quolibets de tous ces badauds. Je pense que ce larron se souviendra que son métier si je puis l'appeler ainsi n'est pas dénué de risques. J'ai aussi constaté que le chômage est devenu un véritable fléau qui touche toutes les classes de la société burundaise. Les diplômés universitaires ne sont pas épargnés et nombreux sont ceux qui sont obligés de se reconvertir en chauffeurs de taxis ou d'accepter des petits emplois peu en rapport avec leurs compétences.

Tout au long de mes pérégrinations, j'ai été aussi surpris par la densité extrêmement élevée de véhicules de tout genre. Les uns délabrés à l'image de tous les taxis et autres moyens de transports, les autres incluant des véhicules de grand luxe et des tous terrains propriété des diverses ambassades, organisations

internationales, bilatérales, organisations non gouvernementales (ONG), et projets financés par les bailleurs de fond. Le nombre de motos zigzagant entre les véhicules et celui croissant de mototaxis avec leur passager sans casque font aussi partie de ce trafic intense et sauvage. Traverser une artère fréquentée en tant que piéton relève d'ailleurs du parcours de combattant. Le nombre d'accidents est malheureusement fort élevé comme j'ai pu le constater car beaucoup de conducteurs ont peu ou pas d'expérience puisqu'il est facile d'obtenir un permis sans savoir conduire car tout s'achète. Par ailleurs, être passager d'un mototaxi est l'accident garanti à court terme ! En progressant dans les quartiers résidentiels je n'ai pu que constater bien malheureusement que beaucoup de maisons n'ont plus cet aspect chaleureux et accueillant qu'elles avaient naguère. Elles sont maintenant systématiquement entourées de murs en briques surmontés de fil de fer barbelé masquant les jardins que l'on avait plaisir à contempler et sont fermées à tout regard par de lourdes portes métalliques, et ce depuis les dernières années de guerre civile.
J'ai aussi été étonné par le nombre de constructions nouvelles qu'elles soient administratives, hôtelières ou résidentielles. Ce développement contrastait d'ailleurs avec la détérioration de nombreux autres bâtiments hôteliers ou de loisir. L'ancien hôtel Paguidas où nous avions séjourné lors de notre arrivée au Burundi est devenu un lieu sordide rebaptisé hôtel Le Doyen que des gardiens zélés veillent à ce qu'il ne soit pas photographié tandis que l'ancien complexe sportif, témoin de nombreuses mises à mort lors des différents coups d'états, n'est plus qu'un chantier en ruine. La défiguration du centre-ville est tout aussi marquante à l'exemple de l'avenue Prince Louis Rwagasore, ou les commerces de luxe ont disparus au profit de petits commerces sans style vendant notamment tissus, denrées alimentaires diverses et surtout téléphones mobiles devenus indispensables dans la vie quotidienne. Et puis, parmi ces petits commerces, j'ai été frappé d'apercevoir une enseigne avec le Président Obama extrêmement populaire et vénéré au Burundi Quant à l'ancien palais royal qui m'a rappelé comme si c'était hier, ce moment où le destin de mon ancien agronome Nicolas a basculé d'une mort inéluctable vers la liberté, il a été totalement saccagé lors de la guerre civile et n'est malheureusement plus que ruine. Puis en continuant ma progression vers les collines surplombant la ville, j'ai découvert un tout nouveau quartier constitué de maisons luxueuses bâties malheureusement sans beaucoup de contraintes urbanistiques, et

qui appartiennent pour la plupart à de fonctionnaires ou ex-fonctionnaires de l'État. Selon les opinions recueillies, il y a cependant un consensus pour affirmer que l'érection de ces constructions n'a été rendue possible que par la corruption. En effet, sachant qu'un ministre gagne environ quatre cents dollars américains par mois et un directeur général environ deux cents dollars, il est facile d'en déduire que toutes ces constructions nouvelles sont liées à ce véritable fléau qu'est la corruption. Plus au sud de la ville le long du lac, de nouvelles constructions ont aussi émergé de terre avec tout aussi peu de contraintes urbanistiques ce qui laisse ces nouveaux propriétaires à la merci d'une nouvelle crue potentielle du lac à l'image de celle qui fit tant de dégâts dans cette même zone dans les années 1970. Enfin le long du lac en direction de la frontière congolaise, j'ai eu l'agréable surprise de constater que certaines plages de sable fin ont été magnifiquement aménagées et offrent maintenant des possibilités de restauration et d'activités nautiques.

Avenue Prince Louis Rwagasore - « Obama shop »

Ancien hôtel Paguidas

Ancien complexe sportif

Le changement qui m'a par contre le plus choqué, c'est celui de la militarisation de l'État. A la fin de la guerre civile, le gouvernement s'est engagé à progressivement réintégrer dans les forces armées, la police routière et les systèmes de protection privée divers, une grande partie de rebelles qui possédaient des armes. Une partie jugée moins apte n'a cependant pas été réintégrée et a été renvoyée en brousse moyennant une compensation financière modeste. Par conséquent le nombre d'hommes en uniformes divers et équipés d'armes automatiques est impressionnant mais la prestance et discipline de ces porteurs d'armes m'ont laissé circonspect. De plus, j'ai pu constater que les conducteurs de véhicules sont soumis à des contrôles fréquents et souvent arbitraires car les émoluments maigres des forces armées ne permettent certainement pas de vivre décemment sans apports financiers additionnels. En effet un caporal gagne l'équivalent de quatre-vingts dollars américains par mois et la corruption dont je parlerai plus longuement ci-dessous a atteint des niveaux inimaginables.

Le problème de la corruption

La corruption existe au niveau de toutes les sphères de la vie sociale. Personne n'est à l'abri de ce fléau. Les contrats divers en sont affectés et il est notoire que les contrats de location de courte ou de moyenne durée n'ont aucune valeur et peuvent être résiliés à tout moment avec un préavis des plus limités lorsque le propriétaire a trouvé plus offrant. Ce problème est parfaitement illustré par la résiliation en 2009 du contrat de trente ans accordé au Cercle nautique de Bujumbura dont les locataires ont eu un mois pour déménager. Le Cercle est désormais installé au « Petit Bassam » situé le long de la partie nord du littoral du Lac. Quant à l'ancien Cercle, malgré les promesses de réhabilitation faites par son nouveau propriétaire, il est à l'abandon. Triste. Les augmentations des loyers sans préavis sont tout aussi fréquentes sous prétexte d'une plus-value de la maison alors que c'est le locataire qui a fait les frais de rénovation ou de transformation avec l'accord du propriétaire bien entendu ! L'arbitraire est roi et l'argent fait loi. Alors que la corruption semblait être relativement contenue avant le déclenchement la guerre civile en 1993, les dysfonctionnements de l'État consécutifs au dérèglement de l'autorité ont constitué un terrain favorable au développement de la corruption. Le Burundi se retrouve d'ailleurs parmi les huit pays perçus comme les plus corrompus du monde puisqu'il se classe 170ème sur 178 pays dans le dernier classement de l'ONG Transparency International avec un score de 1,8 sur 10[5]. J'ai pu vérifier au cours d'une même journée puis à l'aéroport lors de mon retour que cette corruption touche effectivement tous les secteurs.

---

[5] Transparency International. *Corruption internationale : classement 2010.*

Ce fut d'abord un policier qui arrêta mon taxi car je ne portais pas de ceinture. J'étais d'accord de payer l'amende qui s'élevait à sept dollars américains mais il n'avait pas de quittance à me remettre. Il est monté à l'arrière du taxi pour continuer notre discussion car il voulait m'emmener au poste de police. Vu mon insistance d'obtenir cette quittance contre paiement, il a rapidement changé de tactique et m'a demandé deux bières. Comme je n'avais guère le temps de discuter plus amplement je lui ai payé ses bières pour lesquelles il m'a chaleureusement remercié ! Le même soir, dans un grand hôtel de Bujumbura, le maître d'hôtel m'a suggéré de prendre le buffet. Comme je le trouvais alléchant et son prix raisonnable, j'ai passé commande. Sachant que les cartes de crédit ne sont pas acceptées dans la majorité les hôtels, ni dans les restaurants et magasins - ce qui ne facilite guère la vie - j'ai payé la facture comptant et lui ai demandé un reçu. Il s'est excusé en me disant, que malheureusement il venait de donner le dernier reçu de son carnet mais que je pouvais repasser le lendemain si je le souhaitais ! Je vous laisse le soin de tirer la conclusion ! Puis en sortant du même hôtel, j'ai constaté qu'il n'y avait pas de taxis. Voyant mon embarras, un chauffeur d'une luxueuse limousine appartenant à une délégation étrangère dinant à l'hôtel m'a proposé de me ramener à mon hôtel au prix de la course d'un taxi normal. J'avais ainsi hérité d'un taxi de luxe, ce que je lui dis en blaguant. Il se mit à rire ! Finalement lors de mon départ à l'aérodrome de Bujumbura, un officier d'immigration m'a demandé sans aucune gêne de lui donner les francs burundais qui me restaient ! Je lui ai expliqué que j'avais déjà donné mes derniers billets à mon chauffeur de taxi qui m'avait accompagné tout au long de mon séjour. Nullement désemparé par ma réponse, il m'a rétorqué qu'il m'attendrait dans les couloirs menant au salon car je disposais très certainement de monnaie étrangère qu'il accepterait bien volontiers ! Face à cette arrogance et ce sans gène je me suis quelque peu énervé et il ne m'a plus importuné Il n'y a vraiment pas de petit profit au Burundi !

Mes visites à l'intérieur du pays

Mon premier déplacement dans le sud du pays le long des berges du lac Tanganyika en direction de Rumongue vers la frontière Tanzanienne ne m'a posé aucun problème car il était strictement privé. Tout au long du parcours, où les véhicules surchargés sont monnaie courante j'ai pu une nouvelle fois admirer cet enchaînement de petits villages de pêcheurs coincés entre le lac et la montagne abrupte et les plages de sable fin qui succèdent aux berges rocheuses plongeant dans l'eau translucide du lac. Ce décor paradisiaque, équivalent - voir supérieur - à de nombreuses zones touristiques dans le monde, possède indiscutablement un très grand potentiel qui ne demande qu'à être exploité pour le développement de l'écotourisme. L'exploitation de ce potentiel devra nécessairement être sélective du fait de la présence de crocodiles dans les zones rocheuses abritant une végétation aquatique assez dense. Un hôtel moderne, le Tanganyika Blue Bay Resort illustre ce potentiel. J'y suis resté un weekend end et ai pu apprécier ce site d'un charme extraordinaire. Construit face à une longue plage de sable fin doré et situé à 60 kilomètres au sud de Bujumbura en direction de Rumongue, cet hôtel est selon moi un des plus beaux exemples de ce qui peut être réalisé en matériaux locaux sans altérer le paysage originel tout en offrant un maximum de sécurité pour les fanatiques de l'eau. Il reste à espérer que ce magnifique complexe puisse bénéficier sous peu d'une clientèle régulière tout au long de l'année. Un climat de sécurité stable est certainement une des conditions essentielles pour atteindre cet objectif.

Camionnette surchargée sur la route de Rumongue

Mes autres déplacements à l'intérieur du pays se sont malheureusement avérés plus complexes que je ne le pensais pour des raisons administratives d'une part et de sécurité d'autre part. Du point de vue administratif, tout m'est apparu extrêmement centralisé et bureaucratique. En ce qui concerne la sécurité, il m'a été très difficile de faire la part des choses entre les directives draconiennes émanant de l'Organisation des nations unies (ONU) ou de l'ambassade américaine et les propos des Burundais que j'ai côtoyés et qui ont été quasi unanimes pour déclarer que la sécurité dans l'ensemble du pays était relativement bonne du moins pour les déplacements de jour.

Ma visite à Teza. Pour planifier la visite de la plantation où j'avais travaillé pendant sept ans, je me suis heurté à une bureaucratie d'un autre temps qui découragerait plus d'un visiteur. Dès mon arrivée à Bujumbura, j'avais cependant contacté les services administratifs de l'Office du Thé du Burundi (OTB) afin d'effectuer ma visite accompagné si possible d'un des cadres de ces services. Dans mes contacts je n'ai pas dépassé l'échelon du secrétariat et de sa secrétaire fermée à tout dialogue et omnipotente Elle me dit qu'une visite à Teza devait nécessairement être officielle car personne ne me recevrait. Elle m'a prié par conséquent d'écrire une lettre de demande de visite adressée à la direction justifiant les raisons de ma visite et de surtout ne pas oublier d'apposer mon cachet sur ma lettre ! Ma sollicitation de rencontrer le directeur afin d'expliquer de vive voix mes antécédents et le but de ma visite et de mettre en exergue le temps limité dont je disposais au Burundi est restée sans suite car il fallait respecter le circuit administratif et attendre que l'on me fasse signe. Quant au cachet à apposer sur ma lettre, la secrétaire a fini par admettre que tout le monde ne disposait pas d'un cachet et qu'il n'était par conséquent pas indispensable dans mon cas vu que j'étais en « mission » privée. J'ai donc déposé ma lettre de demande de visite sans obtenir de précision quant au délai de réponse car bien entendu le directeur était fort occupé. Au bout de cinq jours, en dépit de mes coups de téléphone et visites ultérieures, la réponse se faisait toujours attendre. Excédé par cette lenteur et inefficacité administrative j'ai décidé de passer par des circuits parallèles pour mener à bien ma visite Quant au problème potentiel de sécurité, il a fallu que je l'apprécie en recueillant diverses opinions avant de prendre ma décision de visiter la plantation, zone malgré tout fort sensible du fait qu'elle se trouve en bordure de la foret de la Kibira où des bandes armées se seraient réfugiées après les élections de juin 2010. J'avais le choix de respecter les recommandations draconiennes imposées pour tout voyage à l'intérieur par l'ONU ou celles de l'ambassade américaine. Pour ce qui est de l'ONU tout déplacement à l'intérieur du Burundi du personnel des institutions internationales adhérant aux instructions des Nations Unies, comme la Banque mondiale ne pouvait se faire qu'avec une escorte armée. Quant à l'ambassade américaine, le bureau des affaires consulaires du département d'État des États-Unis avait issu peu avant ma visite en début novembre 2010 de nouvelles instructions de déplacement au Burundi limitant le déplacement de son personnel à un périmètre de 30 kilomètres de la capitale et nécessitant une autorisation préalable pour tout déplacement en dehors de cette limite[6]. Par ailleurs tout voyage de nuit était strictement déconseillé et il en était de même pour tout déplacement après minuit à Bujumbura. Le strict respect de ces consignes m'aurait probablement contraint de rester à Bujumbura ce qui n'était bien évidemment pas mon objectif premier en venant au Burundi. Je pouvais aussi passer outre ces mesures en évaluant au mieux les risques potentiels. En dépit de récentes menaces proférées à l'égard du personnel de Teza, j'ai opté pour la seconde solution car je savais qu'une garnison militaire se trouvait à Teza et qu'aucun incident n'avait été rapporté récemment.

Par un dimanche ensoleillé je suis donc monté à Teza voir la plantation de thé où j'avais débuté ma carrière en fin 1963. J'étais accompagné de deux connaissances burundaises dont un avait travaillé dans la production théière villageoise près de Teza et était donc bien connu par le personnel de la plantation. J'ai tout d'abord été frappé par l'excellence du réseau routier menant jusqu'à Bugarama et au-delà. Ceci n'est en soi qu'une demi surprise puisque le Président et plusieurs de ses ministres sont originaires du nord du pays et que l'axe routier que j'ai emprunté continue en direction du nord et du Rwanda et est par conséquent fort stratégique. Arrivé à Bugarama qui marque le début de la crête Congo-Nil, j'ai été surpris par les changements considérables rendant Bugarama méconnaissable. Les quelques étales de légumes qui caractérisaient voici une vingtaine d'années cet important croisement entre l'axe Nord ou Route Nationale N°1 menant au Rwanda et celle menant à Gitega, deuxième ville du pays, se sont considérablement étoffées. Par ailleurs une éclosion de constructions diverses offrant pour la plupart de la petite restauration font désormais de ce carrefour un incontournable point d'arrêt pour tout automobiliste et camionneur. Ensuite en parcourant les derniers quinze kilomètres de route asphaltée avant de prendre la piste en terre menant à la plantation, j'ai été frappé

[6] U.S. Department Of State. Bureau of Consular Affairs. *Travel Warning for Burundi.*

d'une part par l'ampleur du déboisement des deux côtés de la route mais aussi par une amélioration sensible de l'habitat. Les huttes et maisons avec toits en pailles que j'avais connues avaient fait place à des constructions en adobe coiffées d'une toiture en tôle. Cette évolution a été pour moi un indice indéniable montrant que la production théière, industrielle et villageoise, introduite dès 1963 dans cette zone avait permis aux agriculteurs d'augmenter leur niveau de vie par des rentrées régulières d'argent ce que ne leurs laissaient pas nécessairement les cultures vivrières beaucoup plus soumises aux aléas climatiques et fluctuations des prix. Notre travail n'a donc pas été vain.

Quant à la visite proprement dite, elle m'a permis de vivre un moment émotionnel intense. Je scrutais les visages autour de moi à la recherche de traits familiers et amicaux. À ma grande surprise j'ai revu des travailleurs que j'avais connus quelque 35 ans auparavant ! À la recherche de souvenirs, je suis retourné errer dans les pièces vides de notre ancien gîte dont il ne subsiste que murs et toits. Dans ce gîte délabré il y a tant de souvenirs. Puis je me suis rendu dans notre ancienne maison, ou nous avons connu tant de joie mais aussi des drames que l'on ne peut oublier, Lorsque je suis rentré par la garage, mon cœur s'est serré car ce garage a été le témoin du passage de cette colonne d'hommes allant assassiner mon agronome dans la maison voisine La maison voisine de mon agronome, mort parce qu'il était Tutsi restera à jamais le témoin des tragiques évènements d'octobre 1965. J'ai aussi retrouvé la plantation telle que je l'avais laissée en 1970. Les 54 ha qui furent brûlés en 1996 par le mouvement insurrectionnel durant la guerre civile avaient été replantés et les dégâts importants qui furent occasionnées à l'usine pendant cette même guerre, réparés. Par contre, un monument érigé à l'entrée de l'usine, pour commémorer la mort brutale de cent dix-sept Tutsis tués par les rebelles durant cette même année m'a profondément remué car ce massacre ciblé me rappela trop les sinistres souvenirs de 1965 et le massacre de tout mon cadre tutsi exactement au même endroit. Ces employés, massacrés parce qu'ils étaient aussi Tutsis, n'ont malheureusement pas eu droit au souvenir. Il n'est certainement pas trop tard pour réparer cette injustice. L'histoire, bien malheureusement se répétait comme si Teza ne parvenait pas à se détacher de cette image de beauté et d'enfer, cette image de joies et de drames qui le caractérise.

Notre ancien gite à l'avant plan

Le « salon » de notre gite et l'entrée de notre « chambre à coucher »

La plantation

Un plant de thé taillé

Stèle commémorative des massacres de 1996

Un retour aux sources dans notre ancienne maison

Dans le salon de notre ancienne maison

Le funeste garage et la maison de mon défunt agronome à l'arrière plan

La maison voisine de triste mémoire de mon agronome

Il est tout aussi difficile de prédire ce que réserve l'avenir car la forêt de la Kibira qui borde la plantation reste malheureusement un sanctuaire rêvé pour tout mouvement rebelle. À l'heure actuelle, les conditions de travail ne sont malheureusement pas optimales et j'ai eu confirmation que des menaces avaient été proférées peu avant mon arrivée contre le personnel. Pour ces raisons les familles du personnel n'habitent généralement plus sur le site de la plantation. La présence de militaires près de l'usine ainsi qu'au sommet du mont Teza, point stratégique dominant la forêt de la Kibira où une garnison entière est basée, est certes quelque peu rassurante mais indique également que les problèmes de sécurité sont loin d'être réglés. De retour à Bujumbura, j'ai repris contact avec les services administratifs de l'OTB qui m'avaient si bien aidé à planifier ma visite à Teza. Je leur ai annoncé que j'avais effectué ma visite sans leur autorisation et que j'avais été reçu à bras ouverts contrairement à ce que l'on m'avait laissé sous-entendre. La secrétaire resta de marbre. Quelques jours plus tard, j'ai appris par une connaissance que le directeur avait finalement examiné ma demande puis, apprenant que ma visite s'était déjà déroulée, il a classé mon dossier sans suites.

Ma visite dans l'Imbo. Je me suis aussi rendu dans l'Imbo afin de visiter la station de recherche agronomique où j'ai travaillé de 1971 à 1974. Contrairement aux difficultés administratives que j'ai rencontrées pour visiter Teza, le directeur de la station dépendant de l'ISABU s'est montré extrêmement coopératif. Nous avons pu effectuer le déplacement sans ordre de mission pourtant indispensable. Quant à la sécurité, j'étais confronté au même dilemme que celui posé pour mon déplacement à Teza. La situation était cependant un peu plus complexe. En effet, de graves incidents entraînant la mort de plusieurs travailleurs d'une usine sucrière proche de la station de l'Imbo avaient eu lieu deux mois auparavant. Ces assassinats se sont déroulés dans les marais de la Rukoko, situés près de la Ruzizi en bordure de la frontière congolaise. Selon les sources gouvernementales ces violentes attaques auraient été l'œuvre de bandits armés inconnus. Ce qualificatif semble cependant masquer une réalité plus inquiétante comme nous le verrons plus loin. Comme, selon les autorités, la situation était maintenant sous contrôle, j'ai néanmoins décidé d'effectuer ce déplacement. En cours de route, après avoir laissé sur notre gauche la route menant à l'aérodrome, j'ai tout particulièrement apprécié de rouler sur une route asphaltée à la place de cette route en terre défoncée et poussiéreuse qui fut mon quotidien voici 40 ans. Selon différents rapports, l'amélioration du réseau routier est d'ailleurs notoire sur une grosse partie du réseau national. Plus frappant cependant, sont les tombes nombreuses qui jalonnent les deux côtés de la route sur environ cinq kilomètres et qui témoignent des atrocités de la récente guerre civile. Les morts ne sont cependant pas mélangés. Les dignitaires et agents gouvernementaux de haut rang sont enterrés séparément et de manière bien visible le long de la route. Quant aux plus démunis, ils reposent plus à l'écart à l'intérieur du parc naturel que le gouvernement a établi. Arrivé à la station, ce fut malheureusement la déception totale. Les bâtiments étaient négligés et en ruine et les mauvaises herbes avaient repris le dessus et envahi ce qui a été au début des années 1970 une station expérimentale de recherche agronomique. J'ai pu malheureusement constater que quatre années d'efforts avaient été réduites à néant par la guerre civile et le manque de moyens financiers qui en découlèrent et qui ont affectés et affectent malheureusement toujours les opérations. Avant de prendre le chemin de retour vers Bujumbura le directeur de la station m'a soudainement demandé si je voulais revoir le fils de mon ancien agronome assassiné à Teza lors des évènements d'octobre 1965. J'ai immédiatement compris l'importance que revêtait cette rencontre même si ni lui, qui avait trois ans à l'époque de la tragique mort de son père, ni moi ne nous connaissions. Nos retrouvailles ont été émouvantes mais discrètes. Ni l'un ni l'autre n'avons abordé les évènements d'octobre 1965. Il a cependant été important je pense pour le fils de mon ancien collaborateur de me voir, car je reste un des rares témoins de cette terrible tragédie qui a endeuillé sa famille, et de l'aider à fermer ainsi, je l'espère, une page sombre de son existence.

Lors du retour, en passant devant un groupe de travailleurs entretenant la route j'ai été frappé par une interpellation me concernant qui en dit long sur la fréquence de visites des étrangers. En effet, j'ai à nouveau entendu lors de mon passage l'appellation *Umuzungu* que j'avais entendue lors de mes premiers contacts avec les travailleurs de Teza voici 47 ans. En d'autres termes, la présence de blancs dans cette zone ne devait plus être fort fréquente. Puis, continuant notre route, j'ai demandé à mon chauffeur ce qu'il pensait des problèmes de sécurité dans la plaine. Il m'a répondu assez cyniquement qu'il n'était pas impossible que parmi ce groupe important de travailleurs que nous avions croisés se trouvaient certains responsables des assassinats commis deux mois auparavant à Rukoko ! Très rassurant !

Retour vers Bujumbura

Les problèmes du retour des réfugiés

Depuis l'indépendance en 1962, le Burundi a été marqué par plusieurs coups d'états, trois génocides (1965, 1972, 1988) et une guerre civile qui s'est étalée sur 13 ans de 1993 à 2006. Ces sombres évènements ont essentiellement été occasionnés par des querelles ethniques et politiques. Le nombre de morts serait supérieur à un demi-million sur une population d'environ huit millions et demi d'habitants tandis que plusieurs centaines de milliers se sont réfugiés dans les pays limitrophes. Ces refugiés reviennent progressivement au Burundi sans aucune garantie de retrouver leur terre et leurs maisons ce qui pose un sérieux problème de réinsertion. La triste réalité est qu'il n'existe aujourd'hui au Burundi guère de familles qui n'aient pas été affectées par la guerre ou le génocide ou la vie dans des camps de réfugiés. À l'hôtel où je résidais pendant mon séjour, j'ai notamment eu l'opportunité de parler avec un orphelin tutsi d'une vingtaine d'année qui travaillait au restaurant. Il m'a confié que ses parents et plusieurs membres de sa famille avaient été assassinés pendant la guerre civile alors qu'il avait à peine six ans et que sa vision de la vie avait changé depuis ce tragique évènement. Il m'a notamment dit que les scènes en rapport avec l'assassinat de ses parents hantaient constamment ses rêves. Il a ajouté que ce n'est pas le goût de la vie qu'il avait perdu, c'est la confiance dans la vie. Il espérait cependant pouvoir un jour entamer ses études universitaires. J'espère que ce souhait se matérialisera et que les jeunes se trouvant dans une situation similaire à ce jeune homme pourront effectivement accéder aux études universitaires ou autres études qu'ils ambitionnent de faire afin que leur confiance dans la vie revienne progressivement et que l'espoir renaisse. J'ai aussi parlé avec un couple à revenu modeste et ayant six enfants dont les plus grands ont plus de vingt ans. À cette famille déjà nombreuse sont venus s'ajouter dix enfants tous orphelins depuis la guerre civile et dont les parents avaient quelques liens de parenté avec ce couple. Tous ce petit monde vit sous le même toit d'une modeste demeure. Ces deux cas ne sont malheureusement pas atypiques mais sont au contraire représentatifs d'un pays trop longtemps déchiré par ces conflits interethniques. Ces orphelins ont le droit à l'avenir et il faut les aider si l'opportunité se présente. Dans d'autres pays il existe des organisations non gouvernementales qui s'occupent des orphelins et destitués et sponsorisent des enfants. Je suis certain que de telles organisations[7] ou des activités similaires existent au Burundi comme celle entreprise par le Dr Déo Niyizonkiza qui a fondé en 2006 la clinique Village Health Works, dont le développement est géré par la communauté (Community-driven development-CDD),

[7] Voir les rapports du CNR (Conseil norvégien pour les réfugiés). Rapport d'évaluation et rapport d'enquête, 2008.

dans son village natal de Kigutu[8]. Je n'ai malheureusement pas eu l'opportunité au cours de mon séjour ni d'identifier ni d'analyser les actions entreprises par ces organisations. Le travail de reconstruction du Burundi est une aventure de longue haleine et peut être, un jour j'aurai l'opportunité d'apporter ma modeste pierre à la construction de cet édifice.

Les problèmes de sécurité

À cette problématique, se greffent deux autres facteurs. Le premier est la réinsertion dans la vie courante des anciens rebelles n'ayant pas été embauché par l'armée, la police routière, ou les privés. Ces ex-rebelles, en principe désarmés ce qui selon de nombreuses sources ne serait cependant pas le cas, ont reçu l'équivalent de cinq cents dollars américains payés en quatre tranches trimestrielles pour débuter une activité lucrative autre que la guerre et le crime. Que ces ex-rebelles soient désarmés on non ne changent guère la problématique de l'achat d'armes. En effet, de nombreuses sources m'ont confirmé qu'il est extrêmement facile de se procurer une arme au Burundi à des prix défiants toutes concurrence puisqu'une qu'une arme automatique se négocie aux environs de deux cents dollars américains. Le second facteur est lié à la décision prise par sept partis politiques ex-rebelles sur seize de se retirer du dernier processus électoral. Ces rebelles, seraient repartis en brousse, les uns dans les marais de la Rukoko que j'ai évoqué ci-dessus, et les autres dans la forêt de la Kibira. Leurs chefs sont rentrés dans la clandestinité et certains seraient à l'étranger.

Les mois précédant mon arrivée ont d'ailleurs vu une recrudescence d'affrontements entre les forces armées et de petits groupes armés ainsi que des attaques sur des civils. Une attaque meurtrière a notamment a eu lieu en septembre 2010 à environ 30 kilomètres au nord ouest de la capitale, tandis que fin octobre 2010 des combats se sont déroulés dans la partie est de la capitale. À Bujumbura, l'ambiance est aujourd'hui plutôt feutrée. Ces attaques interviennent après la sortie très médiatique du porte-parole de l'armée qui disait que la sécurité était totale et qui niait l'existence d'un quelconque groupe rebelle en gestation. Fin

---

[8] Voir Kidder, Tracy. *Op. cit.* et le site <https://www.villagehealthworks.org/> (consulté le 28.12.2011).

2010, le Burundi était d'ailleurs placé au niveau de sécurité phase trois sur cinq par les Nations unies. Ce niveau de sécurité peut représenter une contrainte sérieuse pour toute activité de développement et tout investissement étranger au Burundi. La situation politique était donc incertaine lors de ma visite, l'arrestation d'opposants politiques continuait, tandis que des journalistes que j'ai rencontrés éprouvaient des difficultés à faire leur travail en toute objectivité. De plus en plus de Burundais avec qui j'ai eu l'occasion de discuter sont d'ailleurs convaincus que même s'il n'y a pas eu de revendication officielle jusqu'ici, une nouvelle rébellion est en voie de se reformer dans les marais de la Rukoko de l'ouest et dans la forêt de Kibira au nord, malgré les démentis répétés des autorités politiques et militaires qui assurent qu'il s'agit de : « groupes de bandits non identifiés qu'ils sont en train de combattre »[9].

---

[9] Radio France International. *Burundi - Une nouvelle rébellion refait surface au Burundi*. Septembre 2010.

XIII – ÉPILOGUE

Le 15 septembre 2010, Son Excellence (SE) le président Pierre Nkurunziza, à l'issue de sa prestation de serment de son second mandat aux rênes de l'État Burundais, a reçu le prix de la paix « Étoile Rayonnant d'Afrique » décerné par la Fondation Internationale de l'Unité.

Dans le discours que son SE a prononcé en cette occasion[1], plusieurs points démontrant les progrès effectués par le Burundi dans le domaine de la consolidation de la paix, de la démocratie et du développement méritent d'être relevés. SE a tout d'abord fait remarquer que le premier mandat qu'il venait d'achever marque un tournant dans la vie politique burundaise. En effet, pour la première fois dans l'histoire du Burundi un président issu d'élections démocratiques a pu terminer son mandat, alors que les présidents précédents élus démocratiquement ont tous été assassinés en cours de mandat. Le second point est relatif à l'intégration sans heurts d'anciens belligérants dans la défense et la sécurité du pays. Le succès de cette intégration a permis au Burundi d'être choisi comme modèle dans la consolidation de la paix par le Conseil de sécurité des Nations unies. Au vu des progrès réalisés par le gouvernement du Burundi en matière de paix, stabilité et développement, le Conseil a d'ailleurs décidé de réduire de manière significative la présence des Nations unies au Burundi à partir du 1er janvier 2011. Le troisième point à mettre en exergue est le retour de nombreux burundais qui s'étaient refugié pendant la guerre civile dans les pays voisins. SE a aussi fait remarquer que si la guerre est terminée les défis liés au développement restent énormes.

Effectivement comme j'ai pu le constater lors de mon dernier voyage, les défis sont énormes mais ils ne sont pas insurmontables. Il est ainsi possible d'envisager que la sagesse et le sens du partage prennent le dessus sur les sources de violence que sont la corruption, l'insécurité alimentaire, les replis identitaires et le refus du vivre ensemble. Les souffrances et les difficultés de l'histoire récente du Burundi indiquent clairement que les oppositions non résolues et profondément enracinées peuvent conduire, dans certaines situations, à des explosions de violence au cours desquelles tout sens d'humanité semble avoir disparu. Pour vivre véritablement la paix et œuvrer pour une coexistence

---

[1] Voir *Burundi Information.* Le 15 septembre 2010.

nouvelle et pacifique, chaque peuple a besoin de se réconcilier avec lui-même. Si l'on ne crée pas dans les cœurs cette force de la réconciliation, la prédisposition intérieure manque à l'engagement pour la paix. J'ai donc l'intime conviction que la route de l'espérance pour le Burundi commencera lorsqu'il y aura réduction des dissidences actuelles entre le gouvernement et les partis qui se sont récemment dissociés du processus électoral. Alors les contraintes sécuritaires qui sont un obstacle majeur au développement se dissiperont et l'espoir d'un avenir meilleur pourra se concrétiser.

J'ai quitté le Burundi, ce merveilleux pays que j'aime tellement, avec l'espoir que les tristes évènements qui ont endeuillé ce pays depuis l'indépendance ne se reproduiront plus jamais, et que les Burundais pourront désormais vivre ensemble comme ils vivaient il y a très longtemps et mieux si possible. Pour que ce souhait se concrétise, j'ai décidé d'écrire ce livre parce que j'avais une expérience à partager en relatant la vie fertile en évènements d'une famille d'expatriés dans ce lointain pays, puis celle vécue lors de mes visites ultérieures. Je l'ai écrit également parce que j'ai ressenti l'intime nécessité de témoigner de ce que j'ai entendu, vu, et vécu afin d'apporter, je l'espère, ma pierre à une meilleure compréhension d'indices précurseurs à la destruction de l'unité d'un pays. En effet, ce qui est arrivé au Burundi et dans d'autres pays où les conflits interethniques ont été au moins aussi dévastateurs peut arriver demain dans n'importe quel autre pays du monde offrant un terrain fertile aux extrémistes. Mais pour que ce demain sombre ne se concrétise jamais, il faut se rappeler que l'unité du Burundi n'a pas disparu en un jour, que cette disparition a nécessité du temps et que les signes précurseurs de cette longue descente aux enfers qui a culminé avec la récente guerre civile de treize ans étaient déjà bien présents lors de la tentative de coup d'État peu médiatisé de 1965. Il faut aussi se rappeler que la responsabilité du pouvoir colonial belge est grande dans l'établissement d'un clivage ethnique au Burundi en ne favorisant pendant soixante ans d'occupation qu'une petite minorité au détriment de la majorité. Ce sujet étant fortement documenté, je ne m'étendrai pas outre mesure sur le passé colonial du Burundi. Je pense enfin que les incidents récents qui se sont déroulés dans la réserve de la Rukoko[2] et dans la forêt de la Kibira ne devraient pas être minimisés en les attribuant à des groupes de bandits. Peut-on parler de bandits alors que les membres de six partis ont

---

[2] La réserve de la Rukoko. *In* Burundi Transparence.

décidé de quitter le processus électoral et sont partis dans la clandestinité avec leurs armes ? Je ne le pense pas. Il faudrait jouer la transparence et faire attention aux indices précurseurs de déstabilisation politique. Finalement, l'attaque d'un bar à Gatumba près de la capitale Bujumbura qui a coûté la vie à près de 40 personnes et fait de nombreux blessés le dimanche 18 septembre 2011 n'est, il faut l'espérer, qu'un cas isolé et non pas un nouveau pas dans l'escalade de la violence politique. Cet attentat ne doit cependant pas être sous-estimé. Un ami burundais m'a d'ailleurs récemment confirmé que la sécurité s'était détériorée dans le pays. Alors, plus que jamais, il faudrait ouvrir le dialogue avec les dissidents armés car seul le dialogue permettra de surmonter les obstacles potentiels et d'apporter une solution démocratique à une paix durable au Burundi. C'est pour cela je pense qu'il était important de témoigner afin que les indices d'idées destructrices ne puissent plus se propager librement.

ANNEXE – LE LAC TANGANYIKA

Le contexte

Le lac Tanganyika borde le Burundi sur une distance de 150 kilomètres et couvre une superficie totale de 32 900 kilomètres² (approximativement la même superficie que la Belgique ou l'Etat du Maryland aux USA), La zone burundaise représente près de 8 % de cette superficie, le reste étant partagé entre la République Démocratique du Congo (45 %), la Tanzanie (41 %) et la Zambie (6 %). Remontant à plus de 20 millions d'années (miocène), le lac Tanganyika est le plus vieux lac des Vallées du rift africain. Au niveau mondial, c'est le 7ème lac du monde par sa superficie et le 2ème lac par sa profondeur après le lac Baïkal en Russie. Il atteint par endroits des profondeurs de 1 435 mètres c'est-à-dire 642 mètres en-dessous du niveau de la mer ! Ce lac est le plus grand réservoir d'eau douce d'Afrique. Il est alimenté par de nombreux affluents dont les plus importants sont la Ruzizi qui draine le lac Kivu et la Malagarazi qui draine les eaux de l'Ouest de la Tanzanie. Son exutoire est la rivière Lukuga.

La faune

Le lac Tanganyika possède une faune halieutique particulièrement riche et diversifiée dans les zones benthiques et côtières.[1] Cette diversité ressemble à celle que l'on peut rencontrer dans les océans. Près de 300 espèces de Cichlidés (*Neolamprologus*, *Paleolamprologus*, *Altolamprologus*, *Xenotilapia*, *Julidochromis*, *Telmatochromis*, *Tropheus* et *Petrochromis*), d'Actinoptérygiens (*Stolothrissa* et *Limnothrissa*) et de Cyprinodontiformes (*Lamprichthys*), sont ainsi présentes, dont environ les deux tiers sont endémiques. Cette faune si riche est d'un attrait certain pour tous ceux friands de plongées d'exploration sous-marine. Sans rentrer dans des détails trop spécifiques, je distinguerai les deux communautés qui sont les plus accessibles aux plongeurs et me permettent de mieux partager avec le lecteur les magnifiques plongées que j'ai eu le bonheur d'effectuer dans ce lac.

---

[1] Lévêque, Christian ; Paugy, Didier. *Les poissons des eaux continentales africaines : diversité, écologie, utilisation par l'homme.*

La communauté pélagique

La communauté pélagique est composée principalement de six espèces endémiques dont notamment deux Clupéidés (*Stolothrissa tanganicae* et *Limnothrissa miodon*) qui occupent la zone pélagique où ils vivent en bancs et consomment le phytoplancton et le zooplancton. Ils constituent tous deux la biomasse pélagique majeure du lac et représentent une ressource importante pour les pécheurs et l'alimentation de la population. Ils servent aussi de nourriture à des prédateurs appartenant au genre Lates ou perche du Nil. Cette dernière (*Lates niloticus*), originaire d'Éthiopie appelée à tort « capitaine » peut atteindre près de deux mètres de long et est une cible des plus intéressantes pour les pêcheurs industriels et artisanaux lacustres. Notons aussi la présence de tilapias introduits du Congo vers 1950 et du poisson-chat africain ou clarias connus aussi sous le nom de silures.

Les communautés littorales et sublittorales

Les communautés littorales et sublittorales vivent le long des côtes à une profondeur ne dépassant pas 40 m, où les Cichlides sont dominants. La majeure partie de la zone littorale est pentue et rocheuse, avec de place en place des plages de sable ou de gravier, et des embouchures de rivières. Par rapport à la zone pélagique, pauvre en espèces, les communautés de poissons littoraux sont beaucoup plus riches et de structure plus complexe. Chez les Cichlides, le groupe des lamprologini, contient le plus d'espèces et peut constituer plus de 50 % des espèces de la communauté littorale. De nombreux poisson-chat y vivent. Dans les anfractuosités offertes par le milieu rocheux, on trouve un autre vertébré, le redoutable naja aquatique *Boulengerina annulata stormsi*, dit aussi Cobra d'eau douce, une des rares espèces de serpents nageurs, qui se nourrit de poissons. Le cobra d'eau est un reptile adapté à la vie subaquatique, à l'image des serpents marins des récifs coralliens. Très à l'aise dans l'eau, il l'est beaucoup moins sur terre[2]. Il est craint par tous les plongeurs en raison de sa morsure mortelle. Enfin, en plus de cette faune très diverse, le lac

---

[2] Chippaux, Jean-Philippe. *Les serpents d'Afrique occidentale et centrale.*

abrite également des éponges, méduses, crustacés généralement caractéristiques de la vie marine.

Espèces aquatiques et terrestres

Les crocodiles (*Crocodylus niloticus* et *Crocodylus cataphractus*) et hippopotames (*Hippopotamus amphibious*) sont particulièrement fréquents. Les crocodiles se rencontrent généralement le long des rivages et dans les estuaires. Le long de l'estuaire de la Ruzizi, on les voit souvent se reposer sur les berges bouche ouverte. Contrairement à ce que l'on peut penser cette posture n'est nullement agressive mais lui permet de se rafraichir par la bouche. Les crocodiles sont extrêmement agressifs pendant la période de reproduction et causent de nombreux accidents dans le lac. Les hippopotames sont fort fréquents le long des rives et en pleine eau. On trouve également des poissons-ballons (*Tetraodon mbu*) extrêmement venimeux à l'entrée des estuaires, Ces poissons, mauvais nageurs, se caractérisent par une évolution extraordinaire du squelette et d'un système physiologique leur permettant de se gonfler rapidement en avalant de l'air ou de l'eau lorsqu'ils se sentent menacées. Par ce mécanisme de gonflement, dont l'explication n'a été suggérée qu'en 1994 et 1995 (Brainerd et Wainwright) ils peuvent doubler de volume.

BIBLIOGRAPHIE

Auteurs

Baghdadi, Ilhem; Harborne, Richard; Rajadel, Tania (Editors). *Rompre le cercle vicieux. Une stratégie pour promouvoir la croissance dans un milieu rural sensible aux conflits au Burundi*. World Bank Working Papers, 2008.

Braekilomètresan, Colette. *Terreur africaine. Burundi, Rwanda, Zaïre : les racines de la violence*. Fayard, 1996.

Capecchi, Bernard. *Teza, une grande exploitation théière au Burundi*. Les cahiers d'Outre-Mer : revue de géographie de Bordeaux et de l'Atlantique. Volume 29 #115 1976. pp. 271-301.

Chippaux, Jean-Philippe. *Les serpents d'Afrique occidentale et centrale.* Ird Orstom, 2006.

Chrétien, Jean-Pierre ; Dupaquier, Jean-François. *Burundi 1972, au bord des génocides*. Karthala, 2007.

Duren, A., Gillet, H. *Notions élémentaires d'hygiène tropicale à l'usage des habitants du Congo Belge*. 4e ed. Bruxelles : IMIFI, 1957.

Eggers, Ellen K. *Historical Dictionary of Burundi*. 3rd ed. Lanham, Maryland: Scarecrow Press, 2006.

Emerson, Rupert. 'The Fate of Human Rights in the Third World', *World Politics* 27, (1975).

Gates, Henry Louis (Éditeur). *Africana: The Encyclopedia of the African and African American Experience*. New York: Basic Civitas Books, 1999. p. 338

Hallet, Jean-Pierre. *Le Congo des magiciens*. Paris : la Table Ronde, 1967.

Hasley, Carr Rosamond. *Le pays aux mille collines : ma vie au Rwanda*. Paris : Editions Payot et Rivages, 2004.

Inganji, Ephrem. *Une jeunesse perdue dans un abattoir d'hommes*. L'Harmattan, 2008.

Kay, Reginald. *"Burundi since the Genocide", Report tracing the Consequences of the 1972 Genocide*. London: Minority Rights Group Report no. 20, 1987.

Kidder, Tracy. *Strength in What Remains: A Journey of Remembrance and Forgiveness*. New York: Random House, 2009.

Krueger, Ambassadeur Robert ; Tobin Krueger, Kathleen. *From Bloodshed to Hope in Burundi. Our Embassy Years during Genocide*. University of Texas Press, 2007.

Lemarchand, René et Martin David. *"Selective Genocide in Burundi", Report on the 1972 genocide*. London: Minority Rights Group Report no. 20, 1974.

Lemarchand, René. *Burundi Ethnic Conflict and Genocide*. Washington, DC: Woodrow Wilson Center Press, 1996.

Lemarchand, René. *Burundi's Endangered Transition. Fast Country Risk Profile, Burundi*. Bern, 2006.

Lévêque, Christian et Paugy, Didier. *Les poissons des eaux continentales africaines : diversité, écologie, utilisation par l'homme*. Paris : IRD, 1999.

Manirakiza, Marc. *Burundi : De la révolution au régionalisme (1966-1976)*. Paris ; Bruxelles : Le Maît de Misaine, 1992.

Manirakiza, Marc. *La fin de la monarchie burundaise (1962-1966)*. Paris ; Bruxelles : Le Maît de Misaine, 1990.

MPD (Mouvement pour la paix au Burundi). Mémorandum sur les massacres répétitifs des Hutu au Burundi. Appel à la conscience mondiale, Bujumbura, 1992

Nemry, Claude. *Les Tambours du Rwanda*. Paris : l'Harmattan, 2001.

Ntampaka, Charles. *La question foncière au Burundi. Implications pour le retour des réfugiés, la consolidation de la paix et le développement rural*. Rome : F.A.O., 2006.

O'Shea, Mark ; Halliday, Tim. *Reptiles and Amphibians*. DK Pub, 2002.

Ricœur, Paul. *La mémoire, l'histoire, l'oubli*. Seuil, 2000.

Rwagasore, Prince Louis. Imprimerie du Royaume du Burundi.

Saitoti, Tepilit Ole. *The worlds of a Maasai Warrior*. University of California Press, 1986 (1988 printing).

Uvin, Peter. *Life after Violence. A people's Story of Burundi*. London; New York: Zed, 2009.

Autres sources

Burundi Information. *Discours de SE le Président Pierre NKURUNZIZA à l'occasion de la remise du prix de la paix « Etoile Rayonnant d'Afrique » lui décerné par la Fondation Internationale de l'Unité*. Le 15 septembre 2010 par Jean-Claude Mubisharukanywa. Disponible sur : <http://www.burundi-info.com/spip.php?article1343>. (Consulté le 13.2.2012)

De Coninck, Michèle. *Mes années au Burundi*. Disponible sur : <http://madamoiselle-michere.skynetblogs.be/>. (Consulté le 13.2.2012).

ICG. Burundi: Democracy and Peace at Risk, Africa Report N°120, 30 Nov 2006 (aussi disponible en français).

ICG. Burundi: Finalising Peace with the FNL, Africa Report N°131, 28 Aug 2007 (aussi disponible en français).

ICG. Burundi: To Integrate the FNL Successfully, Africa Briefing N°63, 30 Jul 2009.

IMF. Burundi: Selected Issues and Statistical Appendix. IMF Country Report No 06/307. Aug 2006.

Institut des Sciences Agronomiques du Burundi. Rapport Annuel 1970.

La réserve de la Rukoko. *In* Burundi Transparence (Source : AFP) [en ligne], le 15 septembre 10. Disponible sur : <http://www.burunditransparence.org/operation_militaire_rukoko.html>. (Consulté le 13.2.2012).

Radio France International. *Burundi - Une nouvelle rébellion refait surface au Burundi*. Septembre 2010 [en ligne].

Swisspeace. "Burundi's Endangered Transition," FAST Country Risk Profile. Paper No. 5. Bonn, Switzerland: Swisspeace Foundation, 2006. Disponible sur : <http://www.rfi.fr/afrique/20100912-une-nouvelle-rebellion-refait-surface-burundi>. (Consulté le 13.2.2012)

The World Bank; Burundi - Data & Statistics. Burundi at a glance. February 25, 2011. Disponible sur : <http://devdata.worldbank.org/AAG/bdi_aag.pdf> (Consulté le 13.2.2012)

Transparency International. Corruption internationale : classement 2010. Rapport du 28 octobre 2010.

U.S. Department Of State. Bureau of Consular Affairs. *Travel Warning for Burundi*. Notice of June 1, 2011 replacing the notice of November 4, 2010. Disponible sur : <http://travel.state.gov/travel/cis_pa_tw/tw/tw_2122.html>. (Consulté le 13.2.2012)

Wikipedia – Crocodile, Octobre 2011 [en ligne], Disponible sur : <http://fr.wikipedia.org/>. (Consulté le 13.2.2012)

Wikipedia – Gustave (crocodile), Septembre 2011 [en ligne], Disponible sur : <http://fr.wikipedia.org/>. (Consulté le 13.2.2012)

Wikipedia – Origins of Tutsi and Hutu [en ligne], Disponible sur : http://en.wikipedia.org/. (Consulté le 13.2.2012)

TABLE DES MATIERES

Editions Innovations and Information

Déjà parus

En français

- Antoine-Ganga, Dieudonné. *Si Bacongo m'était conté*. 2011
- Antoine-Ganga, Dieudonné. *Grand-père, parle-nous du peuple koongo*. 2010.
- Serejski, Eric. *Le Kama Sutra chinois. Sexualité et dysfonctions sexuelles*. 2007.

En anglais

- Serejski, Eric. The Jesuits Driven Away from Masonry and Their Dagger Shattered by Freemasons. Translation from *Les Jésuites chassés de la Maçonnerie et leur poignard brisé par les Maçons* (1788) par Nicholas de Bonneville. 2011.
- Serejski, Eric. *The Chinese Kama Sutra. Sexuality and Sexual Dysfunctions in Ancient China*. Translation from Chinese. 2007
- Serejski, Eric. *Shan Hai Jing. Volume 1 - The Classics of Mountains*. Translation from Chinese. 2010.